CRIME MYSTERIES
BERLIN 1922

© 2021 Ullmann Medien GmbH, Rheinbreitbach

Autorin: Michaela Küpper
Gestaltung, Satz und Layout: Barbara Reiser
Projektleitung: Silke Schneider
Korrektorat: Kirsten Lehmann
Cover: Beate Lennartz

Gesamtherstellung: Ullmann Medien GmbH,
Rolandsecker Weg 30, 53619 Rheinbreitbach

10 9 8 7 6 5 4 3 2 1

ISBN 978-3-7415-2575-9

www.ullmannmedien.com

CRIME MYSTERIES

BERLIN 1922

MICHAELA KÜPPER

INHALT

Fall 1: Theater, Theater! — 6

Fall 2: Die Dame im Pelz — 30

Fall 3: Madame Lafajette — 50

Fall 4: Die Perlen der Frau Geheimrat — 72

Fall 5: Die Untermieter — 90

Fall 6: Rigor mortis — 110

Fall 7: Bei Nacht und Nebel — 128

Fall 8: Eins, zwei, drei – tot — 148

Fall 9: Jeder einmal in Berlin — 164

Fall 10: Jagdszenen — 184

Fall 11: Der Gehenkte — 202

Vorwort

Berlin 1922 – Die Metropole war die Hauptstadt des Vergnügens, aber leider auch des Verbrechens.

Mein Name ist Rosalie Menzel und ich erinnere mich noch sehr gut an dieses Jahr. Ich hatte soeben meinen Dienst als Polizeiassistentin bei der Berliner Polizei begonnen und war Kommissar Gunther Hartmann, einem erfahrenen und erfolgreichen Ermittler, an die Seite gestellt. Da ich eine der ersten Frauen in dieser Position war, musste sich mein Vorgesetzter zunächst an diese Neuerung gewöhnen.

Kommissar Hartmann legte Wert auf Präzision im sprachlichen Ausdruck und in der Analyse des Tatorts. Er war in der Lage, alle Einzelheiten aufzunehmen und logisch zu bewerten und erwartete dies natürlich auch von mir. Von meinen Fähigkeiten als Ermittlerin musste ich ihn damals noch überzeugen.

Dazu bot sich mir bei den folgenden 11 Kriminalfällen ausreichend Gelegenheit.

Begleiten Sie uns, werte Leserinnen und Leser, an die unterschiedlichsten Verbrechensschauplätze. Zu jedem Fall gibt es Fragen, die Ihnen bei der Lösung dienlich sein werden. Allerdings sind eine gute Kombinationsgabe und ein nüchterner Verstand unerlässlich.

Ich wünsche Ihnen viel Erfolg!

Ihre Rosalie Menzel

THEATER, THEATER!

THEATER, THEATER!

Schwarz wie der Tod

Als wir das Polizeipräsidium verließen und auf den Alexanderplatz hinaustraten, schlug uns sogleich der altgewohnte Lärm entgegen: ratternde Stadtbahnen, schrillende Warnglocken, röhrende Motoren und Hufgetrappel, dazu das unablässige Geschrei der Zeitungsburschen.

Die bestellte Droschke wartete bereits auf uns, doch ihr Anblick schien Kriminalkommissar Gunther Hartmann keineswegs zu erfreuen.

„Wie im neunzehnten Jahrhundert!", murrte er beim Einsteigen. „Ein Wunder, dass man uns nicht zwei Pferde gebracht hat, damit wir zum Ort des Verbrechens reiten mögen!"

„Warum nehmen wir kein Automobil?", wagte ich zu fragen.

„Ein Automobil!" Er lachte auf, als sei das eine völlig absurde Idee. „Die Kriminalpolizei verfügt zwar über moderne Fortbewegungsmittel, müssen Sie wissen, aber leider mangelt es ihr allzu häufig an kompetenten Chauffeuren, die diese auch zu steuern verstehen."

„Wir könnten selbst fahren", schlug ich vor. „Es hätte den Vorteil, dass ..."

„Fräulein Menzel!", unterbrach Hartmann mich streng. „Ich besitze weder einen Automobil-Führerschein, noch verfüge ich über die nötigen Fachkenntnisse. Und ich bin auch keineswegs bestrebt, daran irgendetwas zu ändern. Ich käme ja auch nicht auf die Idee, dem Kutscher die Zügel zu entreißen oder ihm beim Misten zu helfen." Er schüttelte ärgerlich den Kopf. Unsere Zusammenarbeit lief nicht gerade gut an, musste ich mir eingestehen, und so zog ich es vor, vorläufig den Mund zu halten.

Berlin Alexanderplatz mit Polizeipräsidium ‚Rote Burg' im Hintergrund

Kriminalassistentin Rosalie Menzel entsteigt der Kutsche ganz ohne männliche Hilfe.

Nach knapp zwanzigminütiger Fahrt erreichten wir unser Ziel: das Haus Nr. 17 in der Chausseestraße unweit des Französischen Friedhofs. Kommissar Hartmann stieg aus und streckte mir unwillig seine Hand entgegen, die ich jedoch ignorierte.

„Vielen Dank, ich komme zurecht, Herr Kommissar."

„Davon darf ich wohl ausgehen", brummelte er und ließ die Wagentür heftiger als nötig ins Schloss fallen. „Es war nur ein Akt der Höflichkeit."

THEATER, THEATER!

Sogleich wurden wir von einem Revierpolizisten in Empfang genommen, der uns respektvoll begrüßte und uns ins Haus führte.

„Der Name des Opfers ist Theodore Salvini", erklärte er diensteifrig. „Die Haushälterin hat ihn in seinem Büro tot aufgefunden."

„*Der* Theodore Salvini?" Hartmann zog verwundert die Augenbrauen hoch. „Der berühmte Theaterregisseur?"

„Sehr wohl", pflichtete der Wachtmeister ihm bei. Er führte uns über eine breite Treppe in den ersten Stock und zu besagtem Zimmer. Der Kommissar blieb zunächst in der Tür stehen und ließ den Blick durch den Raum schweifen. Ich stellte mich auf Zehenspitzen, um über seine Schulter zu spähen – und sah Schwarz: schwarze Wände, schwarze Möbel, selbst der Türrahmen und der Kaminsims waren schwarz. Durchbrochen wurde die Düsternis nur vom funkelnden Glanz des Goldes:

Das Büro eines Künstlers

Ein goldener Lüster, goldene Kerzenhalter, goldene Posamente, die schwere Samtvorhänge schmückten. Einen solchen Raum hätten Normalbürger wohl kaum als Büro, sondern eher als Salon, als Wohnzimmer oder gar Boudoir bezeichnet. Doch Theodore Salvini war kein gewöhnlicher Sterblicher gewesen, sondern Künstler, dazu reichsweit bekannt. Ein Regisseur, dessen Inszenierungen landauf, landab die Filmtheater ebenso füllten wie deren Kritiken die Feuilletons der Gazetten.

Hartmann trat ein und ich folgte ihm. Linkerhand war ein elegantes Sofa platziert, etwa in der Mitte des Raumes stand ein Schreibtisch mit geschnitzten Füßen. Das schmale Fenster schräg dahinter stand offen, ein dunkler Vorhang bauschte sich dramatisch im Wind.

An der hinteren Stirnwand befand sich eine weitere Sitzecke: ein Rauchtischchen, eine portable Bar, zwei ausladende Sessel – schwarz natürlich. Und in einem von ihnen saß eine Person, bei der es sich zweifelsohne um Theodore Salvini handelte. Ebenso zweifelsfrei war er mausetot. Der Klingenschaft, der auf Höhe des Herzens aus seiner Brust ragte, ließ sich selbst aus der Entfernung deutlich erkennen. Ganz zu schweigen von dem vielen Blut.

THEATER, THEATER!

Nach einem ersten Blick auf das Opfer wandte ich mich wieder Kommissar Hartmann zu – schließlich war ich hier, um von ihm zu lernen. Er ließ seine Augen hierhin und dorthin wandern und schien alle Details wertungsfrei in sich aufzunehmen. Dabei bewegte er sich Schritt für Schritt und ohne jede Eile im Raum voran. Vor dem offenen Fenster blieb er stehen und spähte hinaus. „Eine Feuerleiter, keine Armlänge entfernt", verkündete er. „Ein Leichtes, hier herein- oder hinauszugelangen." Er trat zurück und ging langsam weiter. Nach etwa zehn Schritten war er bei Salvini angelangt, betrachtete ihn eingehend und winkte mich dann zu sich.

Der Tote saß noch immer aufrecht, doch sein Kopf war nach hinten auf die Lehne zurückgefallen. Er trug einen seidenen, korrekt gebundenen Krawattenschal, dazu ein Hemd mit hohem Kragen, das ehemals weiß gewesen, nun aber ebenso von Blut getränkt war wie die geknöpfte Weste darüber.

Seine linke Hand lag in seinem Schoß, blutbesudelt, als habe er sie zuvor in einem letzten erfolglosen Bemühen gegen die Wunde gepresst. Seine Rechte hing seitlich der Lehne schlaff herab. Eine Zigarette war ihm aus der Hand geglitten und hatte ein winziges Loch in den Teppich gebrannt.

Auf dem Rauchtischchen standen zwei Champagnergläser, beide leer. Der marmorne Aschenbecher daneben war gut gefüllt.

„Merkwürdig", murmelte Hartmann. „Finden Sie nicht auch, Fräulein Menzel?"

Frage 1: Was findet der Kommissar an dem Toten merkwürdig?
Auf der nächsten Seite findet sich die Erklärung.

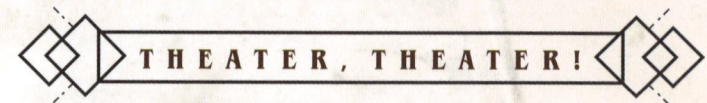

Flammen am Firmament

„Salvini wirkt nicht sonderlich überrascht", antwortete ich. „Wenn man so gemütlich im Sessel sitzt wie er und dann plötzlich tot ist …" Ich bemerkte meine unbeholfene Ausdrucksweise und begann noch einmal von vorn. „Wenn der Täter durchs Fenster eingedrungen ist, hatte er gut zehn Schritte zurückzulegen, um sein Opfer zu erreichen. Bei einem Angriff wäre Salvini vermutlich aufgesprungen oder hätte zumindest versucht, sich zur Wehr zu setzen."

„Ganz recht", stimmte Hartmann mir zu.

„Außerdem war er offenbar nicht allein." Ich deutete auf die beiden Gläser.

„Der Gast könnte schon vorher gegangen sein", wandte Hartmann ein. „Salvini könnte das Fenster zum Lüften geöffnet haben und anschließend in seinem Sessel eingeschlafen sein, weshalb er den Angriff nicht sofort bemerkte."

„Er trägt Tageskleidung", entgegnete ich. „Sein Krawattenschal ist korrekt gebunden. Wir dürfen daraus schließen, dass er nicht vorgehabt hatte, in Kürze zu Bett zu gehen. Sonst hätte er zumindest den Kragen gelockert. Hinzu kommt die Zigarette, die ihm entglitten ist. Er muss sie gerade erst angezündet haben, denn sie ist kaum heruntergebrannt. Dies alles spricht dafür, dass er wach war. Allerdings hatte er Alkohol getrunken und möglicherweise nicht wenig. Schauen Sie!" Ich deutete auf den grünlichen Flecken auf Salvinis Hemd und Ärmel, der sich stellenweise mit eingetrocknetem Blut gemischt hatte. „Ihm ist da offenbar ein Malheur passiert, was wiederum dafür spricht, dass es nicht sein erstes Glas war. Sein Reaktionsvermögen könnte also eingeschränkt gewesen sein."

„Möglich." Hartmann wiegte den Kopf hin und her, dann wandte er sich an den Revierpolizisten, der sich im Hintergrund gehalten hatte.

„Schicken Sie uns diese Haushälterin herauf, die ihn gefunden hat."

„Sehr wohl."

Bald erschien er in Begleitung einer jungen Frau, die mit ängstlichem Blick nah bei der Tür verharrte. Entschlossenen Schrittes trat Hartmann auf sie zu.

„Sie sind?"

„Hilden mein Name. Gisa Hilden", antwortete sie schnell.

„Sie sind die Haushälterin?"

„Ja, das bin ich. Oder ich war es, sollte ich wohl besser sagen, denn nun ist er ja …" Sie brach ab und wischte sich eine Träne aus dem Augenwinkel.

Haushälterin Gisa Hilden ist tief betroffen.

„Sie waren diejenige, die ihn gefunden hat?" Gisa Hilden nickte mit zusammengepressten Lippen. „Wie und wann?"

„Ich … ich weiß nicht mehr", stotterte sie.

„Wann kamen Sie ins Haus?", versuchte es Hartmann auf anderem Wege.

„Gegen acht Uhr, wie jeden Morgen. Dann machte ich Frühstück. Das nimmt Herr Salvini gewöhnlich im Bett ein, aber …"

„Aber was?"

„Als ich klopfte, antwortete er nicht. Ich trat ein und sah, dass sein Bett völlig unberührt war. Das beunruhigte mich, also ging ich in sein Büro, um nachzusehen, ob er vielleicht auf der Chaiselonge …" Sie sprach den Satz nicht zu Ende. „Aber dem war nicht so."

„Sie fanden ihn in dieser Position vor?" Hartmann deutete auf den Verstorbenen und Gisa Hilden folgte seinem Blick, schaute aber sofort wieder weg.

„War das seine Position?", insistierte Hartmann.

„Ja."

„Und das Fenster stand offen?"

„Ja."

„Was haben Sie dann getan?"

„Ich … ich habe die Polizei gerufen."

„Sie haben nicht erst geprüft, ob Herr Salvini vielleicht noch lebte?"

Gisa Hilden riss die Augen auf.

„Nein, das habe ich … habe ich nicht", stotterte sie. „Mein Gott!" Sie schlug die Hand vor den Mund.

„Fassen Sie sich, gutes Fräulein! Angerührt haben Sie nichts?"

„Angerührt? Nein!" Sie schüttelte heftig den Kopf. „Bitte, könnten wir woanders sprechen?" Sie warf Hartmann einen flehenden Blick zu. „Das alles nimmt mich doch sehr mit."

Hartmann erklärte sich einverstanden, und so führte uns Fräulein Hilden die Treppe hinab und in ein kleines, freundliches Frühstückszimmer. Wir nahmen an einem runden Tisch Platz, auf dessen polierter Oberfläche sich das Lampenlicht spiegelte. Auch die zartgelben Wände wirkten sonnig und heiter trotz der trüben Witterung draußen. Nichts ließ ahnen, dass sich in diesem Haus ein grausames Verbrechen ereignet hatte.

„Nun denn", nahm der Kommissar den Faden wieder auf. „Was haben Sie uns noch mitzuteilen, Fräulein Hilden?"

„Ich weiß nur über die häuslichen Dinge zu berichten", entgegnete sie unsicher.

„Das Häusliche interessiert uns brennend." Er schenkte ihr ein beinahe liebenswürdiges Lächeln. „Was also ereignete sich am gestrigen Abend in diesem Haus?"

„Gegen sieben Uhr hat Herr Salvini noch einen Gast empfangen", begann Fräulein Hilden zögerlich. „Es war Pola Negri."

Pola Negri

„Pola Negri, die Schauspielerin?", entfuhr es mir.

„Sehr wohl." Die Haushälterin senkte verlegen den Blick. „Es ging um den neuen Film, den Herr Salvini plante. ‚Flammen am Firmament', sollte er heißen."

„Er erzählte Ihnen von seinen Projekten?", erkundigte sich Hartmann in leicht blasiertem Ton.

„Ja … das tat er. Herr Salvini war sehr mitteilsam", erklärte Gisa Hilden zurückhaltend. „Die Kunst ist mir zwar ein Buch mit sieben Siegeln, aber ich bin eine leidenschaftliche Kinogängerin." Sie lächelte verlegen. „Für die ‚Flammen am Firmament' suchte er noch nach der idealen Besetzung. Es sollte sein allergrößter Film werden, und er war sehr in Sorge, was diese Frage anging."

„Keine einfache Situation."

„Nein, wahrhaftig nicht." Sie nickte gedankenverloren.

„Frau Negri kam wegen dieses Filmprojekts?", hakte Hartmann nach.

„Ja. Außerdem war sie pünktlich, was in diesen Kreisen …" Fräulein Hilden ließ den Rest offen. „Ich ließ sie ein und führte sie ins Büro hinauf", fuhr sie stattdessen fort. „Eine gute Stunde später, so gegen acht Uhr, hörte ich dann wieder von Herrn Salvini. Eigentlich hatte ich schon frei, habe aber abgewartet, ob er vielleicht noch Wünsche hat. Und so war es auch.

Er bat mich, einen Burschen mit einem Telegramm zum Postamt zu schicken. Anschließend könne ich nach Hause gehen."

„Was für ein Telegramm?"

„Es ging an eine Frau namens Gunda Kluge."

„Kluge …" Hartmann dachte einen Augenblick nach, dann schüttelte er den Kopf. „Nie gehört."

„Sie hat hier in Berlin auf einigen kleinen Bühnen gespielt", warf ich ein.

„Eine Schauspielerin also?"

„Ja", bestätigte Fräulein Hilden. „Sie hat Herrn Salvini hin und wieder aufgesucht."

„Welchen Inhalts war das Telegramm?", erkundigte sich der Kommissar.

„Es tut mir leid, davon habe ich keine Kenntnis." Gisa Hilden wirkte auf einmal misstrauisch, als hätte man ihr Schnüffelei unterstellt.

„Haben Sie die Anschrift der Dame?" Sie nannte ihm eine Adresse im Hansaviertel, direkt an der Spree. Hartmann warf mir einen flüchtigen Blick zu und vollführte Schreibbewegungen in der Luft. Ich solle mir Notizen machen, besagte die Geste, worauf ich allerdings schon selbst gekommen war.

„Ist gestern Abend noch jemand dazugestoßen?", wandte er sich wieder an die Haushälterin.

„Nicht in meinem Beisein."

„Später vielleicht?"

„Ich … ich weiß nicht. Ich war ja nicht mehr da", stotterte Gisa Hilden und schluchzte auf. „Ich kann es noch immer nicht fassen! Der arme Herr Salvini! Wenn ich nur daran denke, dass sein letztes Stündlein …"

„Das war also alles?", fiel der Kommissar ihr ins Wort. Sie hielt inne und sah auf.

„Mehr kann ich wirklich nicht sagen," erklärte Fräulein Hilden unter Tränen.

„Wo waren Sie gestern Abend, nachdem Sie das Haus verlassen hatten?"

Wieder riss sie erschrocken die Augen auf. „Wo ich war? Ich ... ich ... Entschuldigen Sie bitte, mir wird ganz übel."

„Wenn Sie uns sagen, wo Sie waren, können Sie gehen", erklärte Hartmann und schaute sie fragend an.

„Bei der Kirchenchorprobe", stieß sie eilig hervor. „Beim Cäcilienchor war ich. Ich, ich kam noch zu spät, weil Herr Salvini doch ..." Sie ließ den Satz in der Luft hängen.

„Das reicht uns vorläufig." Hartmann bedankte sich und bat sie, uns allein zu lassen. Diesem Anliegen kam die Haushälterin äußerst bereitwillig nach.

„Pola Negri!", triumphierte ich, kaum dass sie die Tür hinter sich zugezogen hatte. "Mein erster Fall und gleich eine solche Berühmtheit! So schön, so begabt ... Alle Welt reißt sich um sie!"

„Beherrschen Sie sich, Fräulein Menzel!" Der Kommissar hob mahnend den Zeigefinger. „Euphorie und Professionalität, das geht nicht zusammen."

„Aber sie ist unsere Hauptzeugin, wir müssen sie doch befragen! Möglicherweise hat sie die Tat miterlebt und ist kopflos geflohen. Vielleicht kann sie uns sogar sagen, wer der Eindringling war. Oder – mein Gott! – sie ist gar selbst verletzt!"

„Es gab keinen Eindringling", widersprach Hartmann, der meine Aufregung nicht teilte. Ich schaute ihn verwundert an.

„Sie meinen, Pola Negri war selbst die Täterin? Sie hat ihn ermordet und ist dann durchs Fenster geflohen?"

Er schüttelte unwillig den Kopf. „Konzentrieren Sie sich, Fräulein Menzel! Es ist höchst unwahrscheinlich, dass Pola Negri Theorore Salvini ermordet hat."

Frage 2: Warum ist Pola Negri vermutlich nicht die Täterin?
Auf der nächsten Seite findet sich die Erklärung.

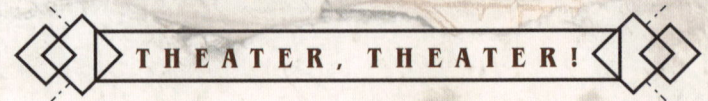

Verbrechen und Verstand

Ich dachte kurz nach. „Die Negri ist eine begehrte Schauspielerin, die sich ihre Rollen aussuchen kann, und der berühmte Salvini wollte sie für seinen neuen, großen Film", resümierte ich. „Sie kam pünktlich, was darauf schließen lässt, dass ihr das Treffen wichtig war. Später gab es Champagner, was auf einen erfolgreichen Abschluss hinweist. Der gemeinsamen flammenden Zukunft stand also offenbar nichts im Wege."

Hartmann nickte zufrieden. „Warum nicht gleich so?"

„Trotzdem bleibt sie eine wichtige Zeugin, und wir sollten unverzüglich …"

„Halt!" Er hob abwehrend die Hand. „Zunächst werden wir uns dieser Gunda Kluge widmen."

„Die Kluge? Aber was sollte sie mit der Sache zu tun haben?" Der Kommissar überging meinen Einwand.

„Schauen wir uns die Dame an!", verkündete er geradezu unternehmungslustig. Leider verfinsterte sich seine Miene zusehends, als wir wieder in der schlecht gefederten Kutsche saßen. Ein Opfer für seinen Anfall von Übellaunigkeit war jedoch schnell gefunden.

„Frauen bei der Polizei", murmelte er mit leerem Blick, kaum dass wir aufgebrochen waren. „Wieder eine dieser neumodische Ideen! Alles soll jetzt neu und anders werden, als hätte sich das Alte nicht bewährt! Als ob die Menschen klüger würden, nur weil sie ständig Neues erfinden."

„Frauen sind nicht gerade eine neue Erfindung, Herr Kommissar", wagte ich einzuwenden, doch er überhörte meine Bemerkung.

„Frauen neigen zur Unsachlichkeit, sie können Gefühl und Intellekt nicht scharf voneinander trennen. Das ist jedoch unerlässlich in unserem Beruf", dozierte er weiter. „Um Verbrechen zu analysieren, erfordert es einen kühlen, analytischen Verstand und Kombinationsgabe, dazu natürlich

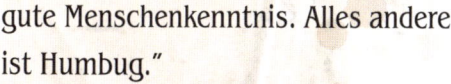

gute Menschenkenntnis. Alles andere ist Humbug."

„Die Daktyloskopie erscheint mir aber ein recht nützlicher Humbug zu sein", entgegnete ich, und Hartmann schaute auf.

„Ich schätze es nicht, wenn man meine Gedankengänge unterbricht", wies er mich scharf zurecht. „Was Sie von mir zu hören bekommen, das sollten Sie als Gewissheit nehmen, Fräulein Menzel. Merken Sie sich das." Er schwieg eine Weile, fragte dann jedoch in weit milderem Ton: „Sie halten die Fingerabdruckanalyse also für unverzichtbar?"

„Ich bin überzeugt von dieser Methode", bestätigte ich. „Durch nichts anderes lässt sich ein Täter so zweifelsfrei überführen. Im Übrigen stehen Weiblichkeit und ein klarer Verstand nicht naturgemäß im Widerspruch zueinander, wenn ich noch einmal auf Ihre Bemerkung zurückkommen darf. Bedenken Sie nur, Herr Kommissar: Es wäre respektlos und eine grobe Missachtung Ihrer Erfolge, Ihnen jemanden an die Seite zu stellen, der Ihren Ausführungen intellektuell nicht folgen kann."

„Wohingegen Sie sich dies selbstverständlich zutrauen", ergänzte Hartmann mit ironischem Unterton.

„Selbstverständlich!", wiederholte ich kraftvoll und nahm eine sehr aufrechte Sitzposition ein. „Immerhin habe ich es als eine der ersten weiblichen Polizeiassistentinnen in die Kriminalabteilung geschafft. Und ich bin festen Willens, das Vertrauen, das man in mich setzt, nicht zu enttäuschen." Irrte ich mich, oder huschte die Andeutung eines Lächelns über sein Gesicht? Es verschwand allerdings sofort wieder, als die Kutsche durch ein Schlagloch rumpelte. „Im Übrigen besitze ich einen Automobilführerschein", ergänzte ich und schaute dabei aus dem Wagenfenster.

„Sie besitzen eine Fahrerlaubnis?" Hartmanns Verblüffung war nicht zu überhören.

*Gunda Kluge scheint
zur Schauspielerin geboren.*

Zu Besuch bei Gunda Kluge

„So ist es." Ich bemühte mich, mir meine Genugtuung nicht anmerken zu lassen. Unsere Unterhaltung gedieh ohnehin nicht weiter, denn wir hatten unser Ziel erreicht: Ein prächtiges Eckhaus direkt am Helgoländer Ufer.

„Sie halten sich zurück!", wies Hartmann mich an, bevor er den schweren Messingklopfer betätigte. Wir warteten eine Weile und glaubten schon, vergeblich gekommen zu sein, als doch noch geöffnet wurde. Zu unserer Überraschung stand die Dame des Hauses persönlich vor uns. Beim ersten Blick war mir klar: Eine Frau wie Gunda Kluge konnte nur Schauspielerin sein.

Sie trug einen seidenen Morgenmantel, der vermutlich teurer war als mein elegantestes Abendkleid – wobei ich, wie ich zugeben muss, nur ein einziges Abendkleid besitze. Ohne große Erklärungen einzufordern, bat sie uns herein und führte uns in ein modern eingerichtetes Wohnzimmer, wo wir auf einem zierlichen Sofa Platz nahmen. Der Raum war erfüllt vom betörenden Duft eines Rosenbouquets, das auf einem Beistelltisch neben uns stand. Mir wurde fast schwindelig davon.

Gunda Kluge nahm in einem Sessel Platz und schlug die Beine übereinander. Nachdem Kommissar Hartmann sie vom Tod Salvinis unterrichtet hatte, blieb sie eine Weile völlig reglos sitzen, stand dann abrupt auf und steuerte auf die Hausbar zu. Sie schenkte sich einen Absinth ein, bot uns ebenfalls ein Glas an, was wir jedoch ablehnten, und setzte sich wieder.

„Sie trinken Branntwein?", wunderte sich Hartmann.

„Durchaus, wenn auch gewöhnlich nicht zu dieser Stunde", erwiderte die Kluge mit voller, ein wenig rauchiger Stimme.

„Ungewöhnlich für eine Frau."

„Finden Sie?" Sie lächelte kühl und nahm einen Schluck des grünen Getränks. „Sie gehen wohl nicht oft in Bars, wie?" Mit amüsierter Miene fixierte sie Hartmann über den Rand ihres Glases hinweg. Er machte eine unbestimmte Geste, die nonchalant wirken sollte, jedoch um so eindringlicher verriet, dass sie mit ihrer Annahme richtig lag. Es grenzte in der Tat an ein Ding der Unmöglichkeit, sich den Kommissar nachts um drei in der Tokapi-Bar, im Blauen Bären oder in Klärchens Ballsaal vorzustellen. Gunda Kluge ließ von Hartmann ab und drehte ihr Glas in den Händen.

„Tot also", sagte sie nach einer Weile. „Das ist schwer zu glauben."

„Haben Sie gestern Abend ein Telegramm von Herrn Salvini erhalten?", erkundigte sich der Kommissar.

„Ja."

„Können Sie es uns zeigen?"

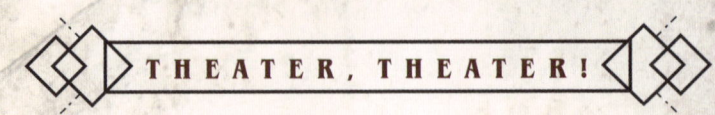

Sie wandte sich halb seitwärts dem kleinen Tischchen zu, auf dem neben der Vase mit den Rosen allerlei Papiere lagen, und reichte ihm das Gewünschte.

„Morgiger Termin obsolet – Stop – Rolle anderweitig besetzt – Stop – Mit Bedauern – Theodore S.", las er laut vor und suchte ihren Blick. „Waren Sie enttäuscht?"

Sie schnaubte verächtlich. „Was denken Sie? Natürlich war ich das!"

„Das kann ich gut nachvollziehen", behauptete Hartmann. „Ich war selbst einmal sehr am Schauspiel interessiert und hatte große Pläne. Den Hamlet wollte ich geben, aber leider habe ich die Rolle nicht bekommen. Nun, vermutlich war mein Wunsch größer als mein Talent."
Er lächelte wehmütig.

„Wie schade", bemerkte die Kluge trocken. „Aber den Regisseur, der Ihnen die Rolle verweigerte, haben Sie am Leben gelassen?" Ein spöttisches Lächeln umspielte ihre Mundwinkel. „Falls Sie mich jetzt fragen wollen, ob ich Theodore umgebracht habe, Herr Kommissar: Meine Antwort lautet ‚nein'. Ich habe es nicht getan. Das Leben ist ein Spiel, so sehe ich die Sache. Mal gewinnt man, mal verliert man. Außerdem bekomme ich dauernd Angebote von Leuten, die meine Talente zu schätzen wissen. Ich hätte also gar keinen Grund gehabt, eine so fürchterliche Tat zu begehen."

„Das freut mich zu hören", entgegnete Hartmann galant. Die Kluge lehnte sich in ihrem Sessel zurück und nahm wieder eine entspannte Haltung ein.

„Erstochen, sagen Sie?" Sie blickte nachdenklich ins Leere. „Vielleicht hat eine andere Bewerberin die Sache ernster genommen und die Absage nicht verkraftet", überlegte sie laut. „Sicher hat Salvatore eine Liste der Kandidatinnen fürs Vorsprechen angelegt. Die könnten Sie überprüfen. Vielleicht sollten Sie sich auch seine Haushälterin einmal vorknöpfen. Selbst ein Blinder konnte sehen, dass dieses Fräulein Sowieso in Salvatore verliebt war."

Mit amüsierter Miene mustert die Schauspielerin den Kommissar.

„Verliebt?", wiederholte ich. Dieser Gedanke war mir auch schon gekommen.

„Bis über beide Ohren!" Die Kluge lächelte verhalten. „Salvatore hat sich oft darüber lustig gemacht. Vielleicht hat sie's mitbekommen, vielleicht quälte sie auch die Eifersucht."

„Ein interessanter Gedanke", erwiderte Hartmann. „Aber leider abwegig. Gisa Hilden gab an, nach der Arbeit zur Probe ihres Kirchenchors gegangen zu sein. Sie erwähnte sogar noch ihr Zuspätkommen. Nun, es dürfte kaum ein besseres Alibi geben als eine Chorprobe: Dreißig Leute können bezeugen, dass Sie da waren. Oder eben das Gegenteil. So dumm ist kein Täter, dass er sich nicht eine bessere Ausrede zurechtlegen würde." Hartmann schaute der Schauspielerin in die Augen und beugte sich ein wenig nach vorn. „Was haben Sie getan, nachdem Sie das Telegramm erhalten hatten, Frau Kluge?"

Kommissar Hartmann prüft skeptisch das eingegangene Telegramm.

Die Kluge musterte ihn gelassen. „Ich habe mir noch ein Gläschen eingeschenkt und bin dann zu Bett gegangen", antwortete sie ruhig. „Der Tag war mir verleidet, das will ich wohl zugeben."

„Verständlich." Der Kommissar nickte mitfühlend, und ich fragte mich schon, ob er sich etwa von ihrer Schönheit und ihrem schauspielerischen Talent um den Finger wickeln ließ. „Sie waren uns eine große Hilfe", beendete er unvermittelt das Gespräch und stand auf. Gunda Kluge schien ebenso überrascht wie ich, quittierte seinen Dank aber mit einem hochmütigen Nicken. „Vielleicht möchen Sie sich noch ankleiden", schlug der Kommissar harmlos vor.

„Ankleiden? Wieso ankleiden?"

„Ich lasse Sie festnehmen, Frau Kluge. Sie werden des Mordes an Theodore Salvini beschuldigt"

„Sind Sie wahnsinnig?" Die Kluge sprang auf. „Sie können mir nichts beweisen!"

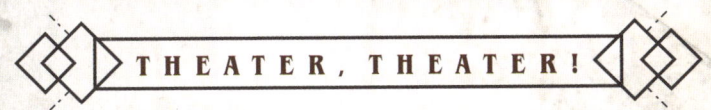

„Ich denke doch", mischte ich mich ein. Ich konnte einfach nicht anders. „Uns wird es nicht schwerfallen, den Nachweis für Ihre Schuld zu erbringen!", erklärte ich vollmundig.

In der Tat fügte sich recht schnell eins zum andern. Wie geahnt, fanden sich Gunda Kluges Fingerabdrücke auf dem dolchartigen Brieföffner und damit ein eindeutiger Beweis für ihre Tat. Mit dieser Tatsache konfrontiert, gab sie bald alles zu.

„Die Schauspielerei ist mein Leben!", lamentierte sie, als Hartmann sie im Präsidium einem Verhör unterzog, dem ich als Protokollführerin beiwohnte. „Diese Rolle hätte mir zum Durchbruch verholfen, und sie war mir so gut wie versprochen! Die Negri hat mir schon einmal eine Rolle vor der Nase weggeschnappt, ein zweites Mal wollte ich das nicht hinnehmen", erzählte sie aufgebracht. In ihrer Wut sei sie zu später Stunde aufgebrochen, um den Regisseur zur Rede zu stellen. „Anfangs hoffte ich noch, ich könnte Theodore zum Umdenken bewegen", gestand sie unter Tränen. „Aber weit gefehlt! Er schwärmte in den allerhöchsten Tönen von Pola, bis mir ganz übel wurde. Und dann … ich kann es mir selbst nicht erklären, mein Verstand trübte sich, ich sah nur noch rot und kann mich an nichts mehr erinnern!" Sie schluchzte laut auf.

„Hören Sie auf mit dem Theater!", fuhr Hartmann dazwischen. „Von einem Affekt und Gedächtnistrübung kann keine Rede sein. Sie haben die Tat kaltblütig geplant und ausgeführt. Also war es Mord, heimtückischer Mord!"

Frage 3: Woraus schließt der Kommissar Gunda Kluges Mordvorsatz?
Auf der nächsten Seite findet sich die Erklärung.

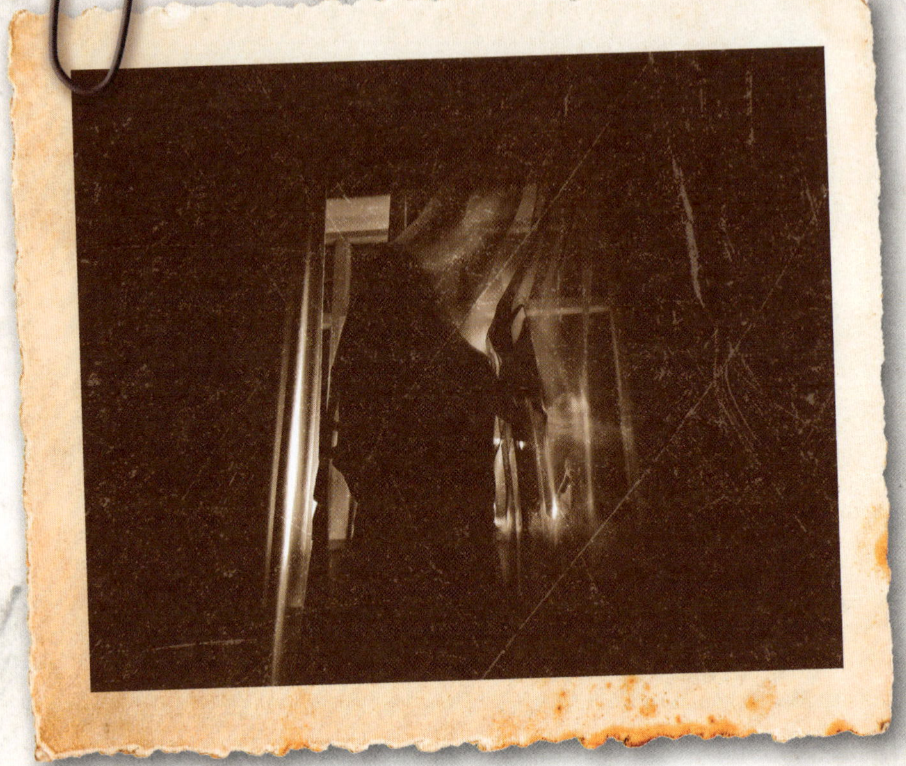

Arglist und Tücke

„Ich kann mich an rein gar nichts erinnern", beteuerte die Kluge.
„Dann werde ich Ihrem Gedächtnis auf die Sprünge helfen", erklärte der Kommissar und sprach nun wieder sehr ruhig. „Als Sie das Telegramm erhielten, wurden Sie so wütend, dass Sie beschlossen, sich an Salvini zu rächen. Sie fuhren zu ihm, und er gewährte Ihnen zu später Stunde noch Einlass, weil er Sie kannte und glaubte, Sie suchten ein klärendes Gespräch. Sie aber nutzen seine Arglosigkeit und erstachen ihn mit dem Brieföffner, den Sie in einem unbeobachteten Moment an sich genommen hatten. Die Zigarette fiel zu Boden. Das Glas, das er in der Hand hielt, ergoss sich über sein Hemd und verursachte dabei die grünlichen Flecken.

THEATER, THEATER!

Es war Absinth, den er Ihnen zuvor angeboten hatte, weil er ein höflicher Mensch war und Sie dieses Getränk bevorzugen. Sie steckten die beiden Gläser ein und platzierten die Champagnerkelche wieder auf dem Tischchen, die er zuvor beiseitegestellt hatte, womit Sie den Verdacht auf Pola Negri lenken wollten. Anschließend öffneten Sie das Fenster, um eine übereilte Flucht zu simulieren." Hartmann hielt inne und ließ einen Moment verstreichen. „Sie sind eine hervorragende Schauspielerin, Frau Gunda. Es ist ein Jammer um Ihr Talent! Aber so sehr Sie sich aufs Schauspiel verstehen – so wenig verstehen Sie sich auf die neuesten Analysemethoden der Polizei."

„Wenigstens kriegt Pola Negri die Rolle nun auch nicht!", fauchte die Kluge, und ihre Tränen versiegten abrupt.

„Und alles wegen einer fernen Flamme am Firmament!", murmelte Hartmann, nachdem er sie hatte abführen lassen, und stieß einen tiefen Seufzer aus. Mir schien der richtige Zeitpunkt für eine Frage gekommen, die mich schon lange beschäftigte.

„Sie wollten selbst einmal den Hamlet geben, Herr Kommissar?"

„Ich? Hamlet? Wie kommen Sie denn darauf?" Er sah mich verständnislos an.

„Sie haben es der Kluge erzählt."

„Ach, diese Sache!" Er winkte ab. „Sie dürfen nicht alles glauben, was Sie von mir zu hören kriegen, Fräulein Menzel. Merken Sie sich das."

KAPITEL 2

DIE DAME IM PELZ

DIE DAME IM PELZ

Arme Seelen

„Mit welcher Schlechtigkeit können Sie jetzt wieder aufwarten?" Hartmann blickte kaum auf, als ich sein Büro betrat.

„Ein Einbruch in Charlottenburg."

„Ein Einbruch, so, so." Er drückte schwungvoll einen Stempel auf ein Formular. „Na, wenigstens hat keine arme Seele dran glauben müssen."

„Abgesehen von ein paar armen Pelztieren", ergänzte ich.

„Gestohlene Pelztiere?"

„Nein, Pelze."

„Was erzählen Sie da? Die leben ja nun nicht mehr."

„Das habe ich auch nicht behauptet, Herr Kommissar."

Hartmann wurde ärgerlich. „Nun stiften Sie mal nicht unnötig Verwirrung und kommen Sie zur Sache, Fräulein Menzel. Nur die Fakten. Alles andere interessiert mich nicht."

„Es gab heute Nacht einen Einbruch in ein Pelzgeschäft", präzisierte ich. „Ein Zeuge hat die Tat beobachtet und die Polizei alarmiert. Doch als sie eintraf, waren die Täter schon mit der Beute über alle Berge."

„Wer sagt das?"

„Was?"

Kriminalassistentin Menzel vor ihrem Dienstfahrzeug

Schloss Charlottenburg

„Dass sie über alle Berge waren."

„Nun … das sagt man doch so."

„Keine unpräzisen Formulierungen, Fräulein Kriminalassistentin. Es wird sich noch zeigen, wie weit die Diebe kommen." Hartmann stand auf und griff nach seinem Hut. „Fahren wir!"

„Mit dem Wagen?"

„Sie wissen, was ich von Kutschen halte."

Ich gratulierte mir im Stillen. Seit Kurzem ließ sich der Kommissar von mir chauffieren und unterließ es mittlerweile sogar, seinen Mitarbeitern vorab ausführlichste Instruktionen zu erteilen – für den Fall, dass er die Fahrt nicht überleben sollte.

Als wir die Rote Burg verließen, begrüßte uns ein strahlend schöner Tag. Nach einem harten Winter kam der Lenz mit Macht und ließ sich nicht mehr aufhalten. Selbst dem heruntergekommenen Scheunenviertel, das wir kurz darauf durchquerten, verlieh er einen gewissen Charme und gewann in Charlottenburg noch einmal an Pracht: Das frische Grün der Alleen, die gepflegten Häuser, die chromblitzenden Automobile und gut gekleideten Menschen: Alles war schön, alles stimmte heiter und hoffnungsfroh. Das Leben in der Stadt konnte herrlich sein – vor allem für die, die es sich leisten konnten.

DIE DAME IM PELZ

Unser Ziel war schnell ausgemacht: Die zersprungene Glastür des eleganten Ladenlokals fiel sofort ins Auge. ‚Pelze van Rees' prangte in großen, goldenen Lettern darüber.

Ich lenkte den Wagen ein paar Meter weiter und parkte zwischen zwei Linden rückwärts ein, was mir ganz prächtig und in einem Schwung gelang. Trotzdem schaffte es der Herr Kommissar gerade noch so, sich ein Lob zu verkneifen.

Wir steuerten auf das Geschäft zu, in dessen Eingangsbereich ein junger, elegant gekleideter Mann gerade damit beschäftigt war, die Scherben zusammenzukehren.

„Lassen Sie alles, wie es ist!", rief ihm Hartmann entgegen und trat mit erhobener Hand auf ihn zu, worauf von drinnen her ein wütendes Gebell einsetzte.

„Aus, Attila!" befahl der junge Mann. „Entschuldigen Sie, aber der Hund ist misstrauisch gegenüber Fremden. Mit wem habe ich die Ehre, wenn ich fragen darf?" Wir zückten unsere Dienstausweise, und unser Gegenüber stellte sich als Ferdinand van Rees vor, Inhaber des gleichnamigen Pelzhandels.

Er forderte uns auf, einzutreten, doch Hartmann bat ihn darum, zuerst den Hund wegzusperren. Das graue, zottelige Tier erschien mir eher laut als gefährlich, aber beim Kommissar schien echte Abneigung im Spiel zu sein. Nicht zum ersten Mal fiel mir auf, dass er Hunde regelrecht fürchtete.

Nachdem van Rees seiner Bitte nachgekommen war, schritten wir vorsichtig über die Scherben hinweg und betraten ein überaus vornehmes Ladenlokal. In seiner Pracht erinnerte es mich an das Ankleidezimmer einer Königin oder Märchenprinzessin, allerdings hatten die samtbezogenen Kleiderbügel, die an glänzenden Messinggestängen baumelten, kein einziges Kleidungsstück zu tragen. Selbst die Modellpuppe, die man neben einem thronartigen Besucherstuhl platziert hatte, war nackt.

Im Pelzatelier

Hartmann pfiff leise durch die Zähne. „Da hat jemand ganze Arbeit geleistet", konstatierte er und wandte sich wieder dem Inhaber zu. „Was können Sie uns über den Einbruch sagen, Herr van Rees?"

„Nicht viel, fürchte ich. Wir waren ja nicht zu Hause. Die beiden Wachtmeister, die zuerst eintrafen, meinten, der Einbruch habe sich gegen ein Uhr in der Nacht ereignet. Meine Frau und ich sind allerdings erst gegen ein Uhr dreißig heimgekehrt."

„Sie wohnen hier im Haus?"

„Ja. In den beiden Stockwerken über dem Ladenlokal."

„Ein Uhr dreißig an einem Wochentag." Hartmann zupfte sich nachdenklich am Kinn. „Das erscheint mir spät für jemanden, der morgens seinen Geschäften nachgehen muss."

Emilie van Rees liebt alles, was Fell hat.

„Durchaus", pflichtete van Rees ihm bei. „Aber für uns war es ein besonderer Abend. Zu unserem dritten Hochzeitstag hatte meine Frau mir Karten fürs Varieté geschenkt, und so kam ich in den Genuss, die fabelhafte Valeska Gert erleben zu dürfen." Er lächelte gewinnend.

„Ein wirklich ganz außergewöhnliches Erlebnis", ließ sich jetzt eine andere Stimme vernehmen. Sie gehörte einer jungen Frau, die durch die hintere Tür eingetreten war.

„Meine Gattin Emilie", stellte van Rees vor. Frau van Rees trat näher und reichte uns die Hand.

„Sicher ist Ihnen Fräulein Gert ein Begriff?", wandte sie sich an Hartmann.

„Diese exzentrische Ausdruckstänzerin?" Er runzelte die Brauen.

„Exzentrisch ist gar kein Ausdruck!" Emilie van Rees lachte. „Sie ist ein Wirbelwind aus Fleisch und Blut – schrill, skurril, grotesk, grandios, alles auf einmal und auch wieder das Gegenteil von allem. Das ist ja das Fantastische an ihr!" Sie funkelte Hartmann aus himmelblauen Augen an. „Dazu diese Grazie, diese Musikalität und die sagenhafte Beweglichkeit: Sie scheint keine irdischen Grenzen zu kennen!'"

„Hm", machte Hartmann. „Auch Ihre Kondition scheint ja alle Grenzen

DIE DAME IM PELZ

zu sprengen, wenn man bedenkt, dass Sie erst mitten in der Nacht zu Hause waren." Wieder lachte Frau van Rees.

„Und wo fand das Spektakel statt, wenn ich fragen darf?"

„Im Okapi", antwortete van Rees eine Spur gereizt.

„Das Okapi!", wiederholte ich.

„Sie kennen die Bar?" van Rees sah mich an.

„Natürlich. Wer kennt sie nicht? Dort tobt der Bär bis morgens um sechs."

„So ist es!", bestätigte Frau van Rees, ohne den Kommissar aus den Augen zu lassen.

„Sie scheinen oft auszugehen, da Sie so genau Bescheid wissen", bemerkte Hartmann und ließ offen, ob er mich oder das junge Ehepaar gemeint hatte.

„Durchaus nicht!" van Rees schüttelte den Kopf. „Höchstens hin und wieder, am Wochenende. Das Geschäft lässt uns einfach keine Zeit dafür."

„Und deshalb war es ja so ein besonderer Tag!", bekräftigte seine Frau. „Wir hatten uns so darauf gefreut und aller Welt davon erzählt – was offensichtlich ein Fehler war." Ihre Miene verfinsterte sich schlagartig. „Eine Schande, dass er so enden musste!"

„Womit wir wieder beim Thema wären." Der Kommissar zeigte sich mal wieder nicht sonderlich einfühlsam. „Ein Pelz scheint mir geradezu das Gegenteil von einem Tutu zu sein." Er ließ den Blick durch den Raum schweifen. „Mäntel also", sinnierte er. „Nicht gerade die rechte Jahreszeit dafür." Van Rees hob ruckartig das Kinn.

„Pelzmäntel sind zu jeder Jahreszeit gefragt", behauptete er pikiert. „Ein edler Pelz kommt nie aus der Mode, denn er adelt seinen Träger."

„Und erst recht die Trägerin", ergänzte Frau van Rees mit breitem Lächeln, während sie sich näher an Hartmann heranschob.

„So wird es wohl sein", bestätigte dieser leidenschaftslos und wich einen Schritt zurück.

DIE DAME IM PELZ

„Wir bieten das vielfältigste Angebot Berlins, dazu die allerbeste Qualität", fuhr van Rees ungefragt fort. „Zobel, Nerz, Ozelot, sogar Leopard. Mein Urgroßvater gründete dieses Geschäft bereits 1859, und seither verkehrt bei uns nur die beste Gesellschaft: Adel, Fabrikanten, internationale Künstler. Unser Ruf eilt uns weit über die Grenzen des Reiches voraus – doch nun diese Katastrophe!" Er rang kummervoll die Hände.

„Wie hoch beziffern Sie den Schaden?", erkundigte sich Hartmann interessiert. Van Rees stieß hörbar die Luft aus.

„Ich habe die Schadenskalkulation noch nicht vollständig abgeschlossen, aber der Verlust ist enorm. Es sind an die sechzig Pelze gestohlen worden, schätze ich. Alles, was sich in diesen Räumlichkeiten befand."

„Sechzig Pelzmäntel?" Hartmann hob die Augenbrauen. „Ein Fall für die Assekuranz, will ich hoffen?"

„Ja, natürlich. Wir sind versichert. Bei diesen Werten …"

„Entschuldigen Sie, ich bin ein Banause, was Modefragen betrifft. Von welchen Werten reden wir?"

Van Rees machte ein bekümmertes Gesicht. „Der Schaden wird in die Millionen gehen, fürchte ich."

Nun war es Hartmann, der tief Luft holte.

„Womit man sich in unserem Beruf herumschlagen muss!", empörte er sich, nachdem wir wieder auf die Straße getreten waren, und schüttelte ärgerlich den Kopf.

„Sie meinen die Grausamkeit des Verbrechens, das Leid der Opfer?"

„Keineswegs!" Er winkte unwirsch ab. „Ich meine die Ergüsse über sogenannte Ausdruckstänzerinnen. Dieses Gezappel und Gehampel, ich bitte Sie! So etwas soll Kunst sein?" Er blieb stehen und sah mich fragend an.

Provokateurin und verrückte Nudel: die Tänzerin Valeska Gert

„Nun ja", antwortete ich vage. Wie gern hätte auch ich die Gert gesehen! Leider waren die Billets unerschwinglich für mich.

„Ich habe übrigens die Kleiderbügel durchgezählt", verkündete ich, um von Thema abzulenken. „Es waren genau achtundfünfzig."

„Flott mitgedacht", lobte Hartmann. Den Tag würde ich mir im Kalender anstreichen müssen. „Aber vielleicht haben andere das auch getan", fügte er nebulös hinzu. Ehe ich mir seine Bemerkung durch den Kopf gehen lassen konnte, trat ein Mann vor uns hin und zog seinen Hut.

„Gestatten: Mein Name ist Dietrich Sommerfeld. Ich wohne gegenüber. Einer der Wachtmeister sagte mir, dass die Kriminalen mich sicher noch zu sprechen wünschten. Deshalb bin ich gleich herübergekommen."

„Noch jemand, der mitgedacht hat", zeigte sich Hartmann erfreut und stellte uns vor. „Was können Sie uns also berichten, mein Herr?"

Was hat Sommerfeld gesehen?

Sommerfeld räusperte sich. „Es war gegen ein Uhr in der Nacht", begann er. „Ein Geräusch weckte mich – oder vielmehr das heftige Klirren von Glas. Ich sprang sofort auf und eilte zum Fenster. Vor dem Geschäft der van Rees' stand ein Wagen mit laufendem Motor. Ich sah gerade noch, wie jemand vom Laden her auf ihn zueilte und hineinsprang."

„Diese Person hat auch das Fluchtfahrzeug gelenkt?"

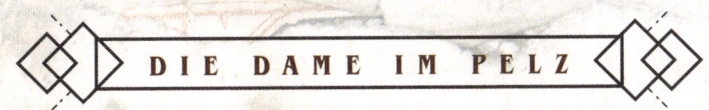

DIE DAME IM PELZ

Sommerfeld schüttelte den Kopf. „Nein, am Steuer saß jemand anderes. Das heißt, wenn mich nicht alles täuscht, hockten dort drinnen sogar zwei Gestalten. Der Dieb stieß zu ihnen, und sie brausten mit quietschenden Reifen davon."

„Was war das für ein Wagen, mit dem die Diebe flüchteten?", schaltete ich mich ein.

„Es war ein Modell wie dieses da!" Ohne Zögern deutete unser Zeuge auf das Dienstfahrzeug, mit dem wir gekommen waren.

„Sind Sie sicher?" Der Kommissar runzelte ungläubig die Stirn.

„Durchaus!", bekräftigte Sommerfeld. „Ein Opel 4-14. Mein Vorgesetzter fährt auch diesen Typ." Hartmann warf mir einen schnellen, fragenden Blick zu, und ich nickte unauffällig.

„Haben Sie den Einbrecher erkannt?", wandte er sich wieder Sommerfeld zu.

„Leider nicht. Die Person war schwarz gekleidet und hatte den Kopf mit einer Art Strumpf oder Schal bedeckt. Mehr, fürchte ich, kann ich Ihnen nicht sagen." Er hob bedauernd die Hände.

„Oh, Sie haben uns bereits sehr viel gesagt!", widersprach Hartmann und wirkte recht zufrieden. „Vor allem haben Sie uns auf eine hoch bedeutsame Merkwürdigkeit aufmerksam gemacht!"

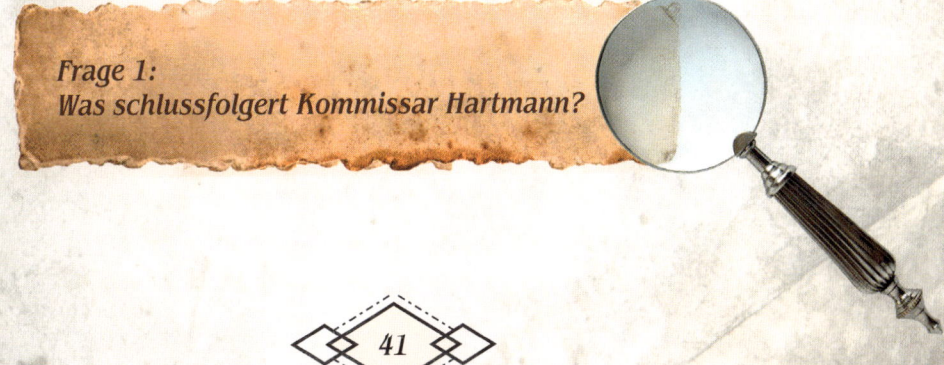

Frage 1:
Was schlussfolgert Kommissar Hartmann?

Im Pelzfieber

Eines war in der Tat eigenartig: Sommerfeld hatte erklärt, vom Zerbersten der Ladentür geweckt worden und direkt ans Fenster geeilt zu sein. Sekunden später war der Täter in den Fluchtwagen gesprungen, der bereits mit laufendem Motor bereitstand und dann sofort abgefahren war. In dieser kurzen Zeit konnten unmöglich sechzig Pelze entwendet worden sein. Auch würde ein einmaliger Gang in den Laden und zurück zum Wagen niemals ausgereicht haben, um das voluminöse Diebesgut wegzutragen. Dazu hätte man durch ein Scherbenmeer waten müssen, was die Sache nicht beschleunigt haben dürfte. Welche Schlüsse ließen sich also ziehen?

Entweder, es hatte gar keinen Diebstahl gegeben, sondern er war nur vorgetäuscht – oder der Raub musste stattgefunden haben, bevor die Glastür zu Bruch gegangen war. Meine Überlegungen schienen Hartmann zufriedenzustellen.

„Fräulein Menzel, Sie machen allmählich Fortschritte!", lobte er mich nun schon zum zweiten Mal. „Die Diebesbande muss auf andere Weise ins Haus gelangt sein, was sie durch den vermeintlich gewaltsamen Akt des Eindringens zu vertuschen suchte. Eventuell hatte sie einen Schlüssel, was wiederum ein Hinweis darauf wäre, dass unser Pelzhändler sie mit dem Diebstahl beauftragt hat. Aber wir wollen uns zunächst über einen anderen Punkt Klarheit verschaffen. Auf, auf, Fräulein Kriminalassistentin! Wir haben keine Zeit zu verlieren."

Kaum waren wir ins Präsidium zurückgekehrt, ließ Hartmann sämtliche Mitarbeiter der Abteilung zusammentrommeln.

„Alle, die einen Pelzmantel besitzen, haben ihn morgen mitzubringen", verfügte er. „Wir treffen uns um neun Uhr im Innenhof 2."

DIE DAME IM PELZ

„Pelzmäntel?" Kollege Küster legte seine Stirn in Falten. „Es ist wohl kaum das Wetter dazu! Und wer von uns geht schon in Pelz?"

„Es muss ja kein Hermelin sein", widersprach Hartmann unwirsch. „Einen Ledermantel mit Lammfutter lasse ich auch gelten. Oder meinetwegen einen Paletot mit Kaninbesatz, wie ich ihn im Winter trage."

„Es dürfte sich um das gute Stück handeln, in dem sich seit dreißig Jahren die Motten vergnügen", flüsterte Kollege Michels mir zu, und ich presste die Hand vor den Mund, um ein Kichern zu unterdrücken.

„Auch Damenmodelle sind willkommen", verkündete Hartmann jetzt.

„Wir verdienen wohl kaum genug Geld, um unsere besseren Hälften in Pelze zu hüllen", widersprach Oberwachtmeister Tannenberg, während Kollege Fennigmeier mit kräftigem Hüftschwung an ihm vorbeistolzierte, wie gewisse leichte Damen dies zu tun pflegen.

„Damenpelz, Perücke und Strumpfhalter, nehme ich an, Herr Kommissar?" Er setzte eine scheinheilige Miene auf. Alles brach in Gelächter aus, doch Hartmann war nicht zu Späßen aufgelegt.

„Die Sache ist ernst, meine Herren! Gehen Sie, und informieren Sie alle Abteilungen – auch und vor allem die Schreibdamen. Bei denen besteht vielleicht die größte Hoffnung. Sagen Sie allen Frauen, dass wir pfleglich mit ihren Mänteln umgehen. Sie brauchen sich also nicht zu sorgen." Offenbar sorgten sich die meisten aber doch, denn am nächsten Morgen kam kaum ein Dutzend Mäntel zusammen, ausnahmslos Kanin, Lamm oder allenfalls Bisam. Nichts von überragendem Wert also. Aber das Vorhandene würde ausreichen, Klarheit zu schaffen, gab sich Hartmann optimistisch.

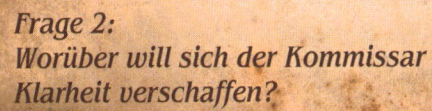

Frage 2:
Worüber will sich der Kommissar
Klarheit verschaffen?

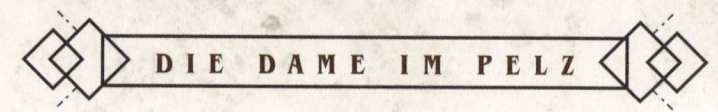

Ein ungewöhnliches Experiment

Wir trugen die Mäntel zu dem Opel hinüber, den ich am gestrigen Tag gesteuert hatte.

„Im Wagen mussten zwei oder gar drei Täter unterkommen", resümierte der Kommissar mit Blick in den Fahrgastraum. „Bleibt also nur die Rückbank." Diese bot nicht eben viel Platz, doch ich quetschte mich irgendwie zwischen die Sitze und nahm die Mäntel in Empfang, die er mir reichte. Bald zeigte sich, dass ich ihr Volumen grob unterschätzt hatte. Beim Zehnten war fast der Himmel der Fahrgastkabine erreicht, doch mit einigem Druck brachte ich noch zwei weitere unter. Dann war endgültig Schluss.

„Ich schätze, unser lieber Herr van Rees hat reichlich übertrieben", rief ich Hartmann zu.

„Zahlen sind relativ, wenn es sich um einen Versicherungsfall handelt", kam es zurück. Ich sprang aus dem Wagen, strich mir das schweißnasse Haar aus der Stirn und sah ihn fragend an. „Geschädigte neigen dazu, ihren Schaden zu erhöhen, sowohl was die vermeintlich Anzahl der gestohlenen Gegenstände betrifft als auch ihren Wert", erklärte der Kommissar in schulmeisterlichem Ton. „Kurz gesagt: Man irrt sich gern zu seinen Gunsten. Das ist quasi ein Naturgesetz."

„Was aber nicht zwangsläufig darauf schließen lässt, dass van Rees in den Diebstahl involviert war", gab ich zu bedenken.

„Nicht zwangsläufig", stimmte Hartmann zu. „Aber wir sollten unserem Pelzverkäufer nochmals einen Besuch abstatten."

Van Rees schien nicht wirklich überrascht, uns so bald wiederzusehen.

„Ich hoffe, Sie haben gute Nachrichten", begrüßte er uns.

DIE DAME IM PELZ

„Wie man's nimmt", antwortete Hartmann leidenschaftslos. „Wir wissen jetzt, wie die Täter ins Haus gelangt sind."

„Das liegt ja wohl auf der Hand!" van Rees warf ihm einen ungehaltenen Blick zu. „Die Scherben lagen doch überall herum!"

„Eigenartig, nicht wahr?" Hartmann lächelte kühl und fügte hintergründig hinzu: „Zumal der Täter einen Schlüssel besaß."

„Einen Schlüssel? Wie das?"

„Ich denke, dass es Ihrer war, Herr van Rees!"

„Meiner? Was erlauben Sie sich!" Der Pelzhändler lief puterrot an.

„Sie gaben an, Ihnen seien sechzig Pelzmäntel gestohlen worden", erinnerte Hartmann. „In den Fluchtwagen passten nicht mehr als fünfzehn, wie wir zweifelsfrei festgestellt haben. Ihre Schätzung war also reichlich übertrieben. So etwas nennt sich Versicherungsbetrug, Herr van Rees!"

„Eine unverschämte Unterstellung!", empörte sich der Pelzhändler. „Bitte gehen Sie auf der Stelle!" Er wies mit ausgestrecktem Arm zur Tür, aber Hartmann machte keine Anstalten, das Ladenlokal zu verlassen.

„Was erlauben Sie sich, Herr Kommissar!" Frau van Rees stand plötzlich in der hinteren Tür, wie sie es schon am Tag zuvor getan hatte. „Sie können meinem Mann nichts beweisen!"

„Wir haben einen Zeugen aus der Nachbarschaft gefunden, dessen Aussage sehr hilfreich war", widersprach ihr Hartmann.

„Einen Zeugen?", fragte Emilie van Rees scharf. „Sie meinen Dietrich Sommerfeld, nicht wahr? Sommerfeld lässt keine Gelegenheit aus, mich anzuschwärzen, seit ich ihm einen Korb gegeben habe. Bis heute kann er nicht verknusen, dass Ferdinand und ich ein Paar geworden sind."

Nach einem kurzen Moment der Irritation schien Hartmann sich zu besinnen und fragte: „Frau van Rees, besitzen Sie einen Automobilführerschein?"

„Was tut das zur Sache?"

„Besitzen Sie einen Automobilführerschein, gnädige Frau?"

„Ja oder nein?"

„Als moderne Frau besitze ich dieses Dokument", antwortete sie kurz angebunden. Der Kommissar stieß einen leisen Pfiff aus.

„Schon zwei moderne Frauen! Das kann ja heiter werden!" Er erlaubte sich ein Grinsen in meine Richtung.

„Worauf wollen Sie hinaus?" Emilie van Rees starrte ihn unverwandt an. Ihre blauen Augen hatten jetzt den harten, kalten Glanz von Gletschereis.

„Ich denke, dass Sie das Fluchtfahrzeug gelenkt haben, Frau van Rees. Darauf gibt es einen eindeutigen Hinweis."

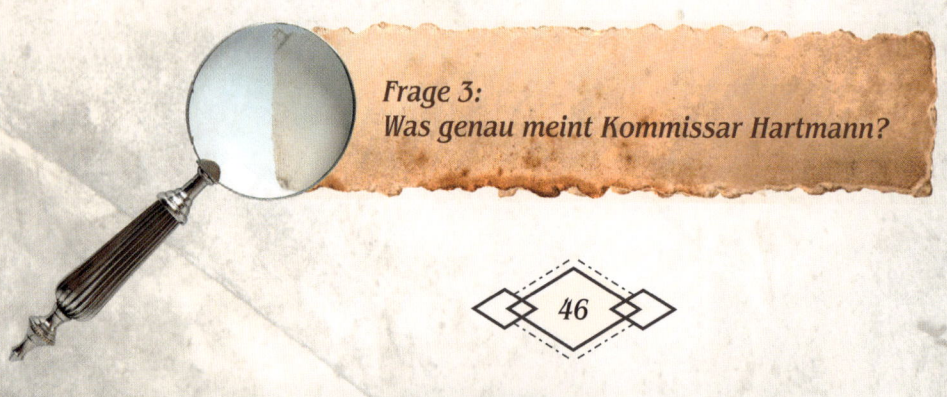

Frage 3:
Was genau meint Kommissar Hartmann?

Eine ungewöhnliche Diebesbande

„Ach, wirklich?" van Rees trat näher und baute sich vor Hartmann auf. „Und der wäre?"

„Nun machen Sie uns wirklich neugierig", behauptete die Frau des Pelzhändlers mit mühsamer Beherrschung.

„Unser Zeuge sagte aus, er habe das Splittern von Glas gehört, dazu einen laufenden Motor. Eines aber hörte er nicht." Hartmann hielt kurz inne und reckte seinen Zeigefinger in die Höhe. „Was er nicht hörte, war Hundegebell. Ihr treuer Freund Attila hätte unzweifelhaft angeschlagen, wenn eine fremde Person ins Haus eingedrungen wäre. Aber es war keine fremde Person, die die Pelze mitnahm, sondern Ihr Gatte. Ich gehe sogar noch einen Schritt weiter und behaupte, Attila hätte ohnehin keinen Grund zu bellen gehabt, denn er saß mit Ihnen im Wagen. Die dritte Gestalt, die der Zeuge ausgemacht hat, war Ihr Hund!"

Frau van Rees lachte auf. „Das ist albern, Herr Kommissar!"

„Aber es ist die Wahrheit, gnädige Frau." Hartmann nickte bedächtig und wandte sich van Rees zu. „Sie schlugen die Tür ein, um den Verdacht von sich abzulenken. Allerdings taten sie es erst zum Schluss, um während des Diebstahls keine Aufmerksamkeit zu erregen."

„Unsinn!", empörte sich van Rees. „Dergleichen hätte ich niemals nötig gehabt!"

„Das würde mich sehr wundern, junger Mann. Alle Welt balanciert am Rand der Pleite."

Hartmann räusperte sich. „Der Zeuge konnte den Tathergang recht gut beschreiben", setzte er zu einer Erklärung an. „Aber eines hat er nicht bemerkt – und genau das ist das Entscheidende!"

„Und genau deshalb hat man die Pelze gestohlen!", warf van Rees ein.

„Ich denke eher, Versicherungsbetrug war der weit lukrativere Weg für Sie",

Das Ehepaar van Rees mit Hund und Pelz

widersprach Hartmann ruhig. „Alles war bis ins Detail geplant: Sie und Ihre Frau besorgten Karten für diese bekannte Tänzerin und erzählten es überall herum. Damit hatten Sie ein vorzügliches Alibi. Nach dem Varieté besuchten Sie angeblich eine Bar, die immer überfüllt ist. Wie gut, dass also niemand wirklich sagen kann, ob Sie dort waren. Denn das waren Sie nicht. Stattdessen fuhren Sie mit einem geliehenen Wagen zu Ihrem Geschäft und holten die Pelze heraus – allenfalls zwanzig, wie ich nebenbei bemerken darf. Allerdings waren Sie so schlau, eine weit höhere Anzahl an Bügeln in den Laden zu hängen."

„Verleumdung!"

„Keineswegs! Und was den eifersüchtigen Herrn Sommerfeld betrifft, so mag er sich ja zu manch irriger Behauptung verstiegen haben. Aber hätte er sich das Einbruchsszenario ausgedacht, hätte er sicher behauptet, dass Sie, Herr van Rees, die Scheibe einschlugen, um einen Einbruch vorzutäuschen. Und nach vordergründiger Logik hätte er diesen Zerstörungsakt dem Diebstahl vorangestellt. Dass er es nicht tat, lässt nur auf seine Redlichkeit in dieser Angelegenheit schließen." Hartmann hielt kurz inne und holte tief Luft. „Und ich sage Ihnen noch etwas: Sie beide haben nicht einmal die Varietévorstellung besucht."

„Pah!" Emilie van Rees schnaubte verächtlich. „Hatte ich Ihnen nicht sogar von dem Auftritt erzählt?"

„Ja, das hatten Sie." Der Kommissar griff in die Tasche seines abgetragenen Mantels und kramte einen Zeitungsausriss hervor. „Hier!" Er tippte auf das Papier. „Ein Bericht über diese Valeska Gert, bereits vor drei Tagen erschienen, nach ihrem ersten Auftritt in der Stadt. Wenn ich also zitieren darf: ‚Sie ist ein Wirbelwind aus Fleisch und Blut – schrill, skurril, grotesk, grandios, alles auf einmal und auch wieder das Gegenteil von allem. Dazu diese Grazie, diese Musikalität und die sagenhafte Beweglichkeit: Sie scheint keine irdischen Grenzen zu kennen!'"

Hartmann blickte auf. „Der Text dürfte Ihnen bekannt vorkommen, Frau van Rees. Ist es nicht so?"

KAPITEL 3

MADAME LAFAJETTE

MADAME LAFAJETTE

Ein dringliches Anliegen

Kommissar Hartmann und ich diskutierten gerade über den Fall van Rees, der bald verhandelt werden würde, als Kollege Michels an die Tür klopfte und uns mitteilte, eine Frau Wellenhoff wünsche ihn in einer dringlichen Angelegenheit zu sprechen.

„Kennt die Damenwelt Angelegenheiten, die nicht dringlich sind?", seufzte Hartmann, erklärte sich jedoch bereit, sie zu empfangen.

MADAME LAFAJETTE

Die Wellenhoff war eine große, schlanke Person mit leicht vorgebeugtem Gang, wie er manchen Frauen zu eigen ist, die ihre Umgebung an Körpergröße überragen. Sie war sehr schüchtern und höflich und sprach mit leiser, monotoner Stimme.

„Mein Mann, Frieder Wellenhoff, ist vor etwa vier Wochen verschwunden, ganz plötzlich und ohne Vorankündigung", erzählte sie, nachdem sie Platz genommen hatte. „Ich gab sofort eine Vermisstenanzeige auf, doch die Polizei hat der Angelegenheit nicht viel Bedeutung beigemessen. Sie ging wohl davon aus, dass er sich aus dem Staub gemacht hat. In meiner Not wandte ich mich an eine Wahrsagerin, dir mir eine Bekannte nachdrücklich empfohlen hatte. Ich ging also zu dieser Madame Lafajette und schilderte ihr den Fall."

„Eine Wahrsagerin?" Hartmann schien aufzuhorchen. „Wie hieß die Dame?"

„Madame Lafajette", wiederholte Frau Wellenhoff unsicher. „Ob das ihr echter Name ist? ... Aber sie war die erste, die mir wirklich zuhörte und die Angelegenheit ernst nahm. Und sie mobilisierte all ihre Kräfte, um mir zu helfen." Unsere Besucherin hielt einen Moment inne. Ihre Hände krampften sich um die Henkel ihrer Handtasche, die sie im Schoß hielt. „Ich weiß, es klingt unglaublich, aber sie schaffte es tatsächlich, eine mentale Verbindung zu meinem Gatten herzustellen. Sie konnte mir sogar sagen, wo er sich zuletzt aufgehalten hatte – im Blauen Bären, einem Lokal, in dem er sich hin und wieder mit alten Kollegen traf."

„Was arbeitet Ihr Mann?", fragte Hartmann nach. Wieder zögerte sie.

„Früher war er beim Bankhaus Sandermann angestellt. Aber der Krieg ... nun ja, er hat ihn verändert. Er war nicht körperlich versehrt, aber ... er war nicht mehr derselbe, Sie verstehen?"

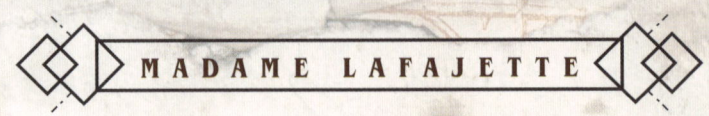

„Ich verstehe sehr gut. Niemand kam unbeschadet aus ihm hervor", antwortete der Kommissar nicht ohne Mitgefühl, und sie atmete erleichtert auf.

„Aber er hat sich nicht unterkriegen lassen", fuhr sie mit neuem Eifer fort. „Seither berät er vermögende Personen in Anlagefragen, keine leichte Aufgabe in diesen schwierigen Zeiten. Er tut dies aber nicht im Anstellungsverhältnis, sondern auf eigene Rechnung. So begibt er sich nicht in Abhängigkeiten, meint er. Meist trifft er sich mit seinen Kunden im Wilden Mann, das ist ein Lokal in der Kantstraße. In den Separeés dort könne man ungestört reden, erklärte er mir einmal. Er ist sehr rührig und beinahe jeden Abend fort, aber so war unser Einkommen bisher gesichert – was heutzutage beileibe nicht leicht ist." Sie sprach jetzt sehr schnell, als wolle sie ihren Mann verteidigen, doch dann ließ sie urplötzlich die Schultern hängen. „All das ist nun leider Vergangenheit, denn Madame Lafajette musste mich darüber aufklären, dass mein Mann inzwischen verstorben war. Sie konnte sogar den Ort benennen, an dem die Leiche zu finden wäre." Frau Wellenhoff sah kurz auf, senkte aber sogleich wieder den Blick. „Man fand ihn genau an der Stelle, die sie benannt hatte: am Havelufer im Grunewald." Sie flüsterte jetzt fast.

„Nicht zu glauben!", staunte der Kommissar und hätte um ein Haar mit der flachen Hand auf die Tischplatte geschlagen, hielt sich aber gerade noch zurück. Auch ich bekam eine Gänsehaut.

„Ich weiß, es klingt verrückt, doch so war es", erklärte Frau Wellenhoff. „Madame Lafajette sagte mir, es habe sich um einen Unfall gehandelt. Mein Mann sei ins Wasser gestürzt und ertrunken. Die Polizei behauptete dagegen, es sei Selbstmord gewesen. Aber nie und nimmer hätte mein Frieder mir das angetan!" Bei ihren letzten Worten verlor sie den Kampf gegen die Tränen.

„Mein tief empfundenes Beileid, Frau Wellenhoff", erklärte Hartmann nach einer taktvollen Pause. „Aber wenn ich fragen darf: Was genau führt Sie zu uns?"

Jagdschloss an der Havel

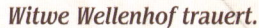

Witwe Wellenhof trauert.

    Die Witwe betupfte sich die Augen mit einem Taschentuch. Ihr Gesichtsausdruck hatte sich schlagartig verändert. Sie wirkte jetzt peinlich berührt.
„Die Sache ist recht unangenehm", antwortete sie. „Aber ich komme wohl nicht umhin, darüber zu sprechen. Mein Mann und ich, wir besaßen wertvolle Münzen. Goldmünzen, Sie verstehen? Ich hatte sie von einer reichen Tante geerbt, und er hütete sie für mich wie seinen Augapfel. ‚Die Münzen sind unsere Versicherung', sagte er immer. ‚Wenn die Zeiten erst wieder besser sind, kaufen wir uns davon ein Häuschen an der Havel, Trudchen.' Und weil er den Banken nicht mehr traute – er war ja schließlich selbst vom Fach und kannte deren Gaunereien, wie er immer sagte ..."
Sie verlor den Faden. „Er hat sie irgendwo versteckt", setzte sie neu an. „‚Bombensicher', mit seinen Worten."

MADAME LAFAJETTE

„Aber Sie selbst kannten das Versteck, nicht?" Frau Wellenhoff presste die Lippen zusammen und schüttelte kaum merklich den Kopf.

„Ich glaube allerdings, dass Madame Lafajette das Versteck kennt, Herr Kommissar. Sie hat doch alles bis ins Kleinste vorhergesagt und auch mit meinem toten Gatten kommuniziert. Sie muss wissen, wo die Münzen sind. Allerdings hat sie dies bestritten, als ich sie darauf ansprach. Nun, es ist mir sehr unangenehm, aber ich bin auf dieses Erbe angewiesen, Sie verstehen? Ich habe keine Mittel mehr. Meine Arbeit in der Wäscherei, die reicht kaum zum Leben."

„Eine wirklich beklagenswerte Situation." Der Kommissar seufzte bedauernd. „Doch ich fürchte, da ist nichts zu machen. Selbst wenn diese Madame Lafajette das Versteck kennen sollte: Wir können es nicht aus ihr herauspressen, und noch weniger können wir ganz Berlin umgraben."

„Aber wenn sie die Münzen genommen hat?", warf Frau Wellenhoff zaghaft ein. „Das wäre doch Diebstahl, oder nicht?" Ihr Blick huschte unsicher zwischen dem Kommissar und mir hin und her.

„Nun ja …" Hartmann legte die Stirn in Falten und kratzte sich am Hinterkopf. „Eine komplizierte Geschichte, in der Tat. Aber wissen Sie was, Frau Wellenhoff? Kriminalassistentin Menzel hier und ich, wir werden uns diese Madame Lafajette einmal anschauen." Sie blickte überrascht auf, als hätte sie selbst nicht recht an den Erfolg ihrer Mission geglaubt. Dann huschte ein Lächeln über ihr Gesicht, so verlegen und flüchtig, dass es kaum wahrzunehmen war.

„Vielen Dank, Herr Kommissar! Danke, Fräulein Kriminalassistentin!"

„Sie wollen wirklich diese Wahrsagerin aufsuchen?", fragte ich Hartmann ungläubig, nachdem die Wellenhoff gegangen war.

„Nun, ich habe es versprochen."

„Ja, aber ... Hellseherei?"

„Es geht um möglichen Diebstahl, wenn ich sie recht verstanden habe."

„Es geht um angeblich durch Hokuspokus gewonnene Erkenntnisse", wandte ich ein. Zwar gehörte ich durchaus zu den Leuten, die des Nachts die Straßenseite wechseln, wenn ihnen eine schwarze Katze über den Weg läuft, sah die Sache aber eher pragmatisch: Solange niemand beweisen konnte, dass mir die Katze kein Unglück bringen würde, war ich damit sozusagen auf der sicheren Seite. Die Kriminalpolizei hingegen hatte andere Prioritäten zu setzen, als sich mit Aberglauben und Hirngespinsten zu befassen. Ich trug Hartmann meine Einwände vor, doch leider fielen sie nicht auf fruchtbaren Boden. Er hatte bereits zu Hut und Mantel gegriffen.

Rosalie Menzel geht schwarzen Katzen aus dem Weg.

Ich setzte mich ans Steuer unseres Dienstwagens, was mir inzwischen fast zur Selbstverständlichkeit geworden war, musste aber sofort wieder aussteigen. Der Motor tat keinen Mucks. Auch Hartmann öffnete bereits wieder die Wagentür, doch ich bat ihn, sich einen Moment zu gedulden.

„Vielleicht ist es nur eine Kleinigkeit, und wir können gleich starten." Misstrauisch von ihm beäugt, öffnete ich die Motorhaube.

Tatsächlich war der Fehler schnell behoben. Eine Sicherung war durchgebrannt, doch Ersatz ließ sich glücklicherweise schnell auftreiben.

Berliner Gören in Aktion

Finten-Freddy, ein Schlitzohr vor dem Herrn

„Wir können starten", erklärte ich kaum eine Viertelstunde später stolz und wischte meine ölfleckigen Finger mit äußerst mäßigem Erfolg an einem Taschentuch ab. Doch für Hartmanns einmaligen Gesichtsausdruck – eine eigentlich unmögliche Mischung aus Unbehagen und Erleichterung – nahm ich gern ein bisschen Schmutz in Kauf.

Die Wirkungsstätte der Wahrsagerin befand sich im berüchtigten Scheunenviertel, auf dessen Straßen das übliche Treiben herrschte: herumstreunende Kinder, Tagelöhner ohne Beschäftigung, Kriegsinvaliden, Hausfrauen, die Besorgungen erledigten, Taugenichtse und Herumtreiber. Alle waren sich untereinander spinnefeind, aber gegen Widerstand von außen hielten sie zusammen wie Pech und Schwefel. Ich parkte neben einer Schutthalde, und wir gingen den Rest zu Fuß. Unmittelbar vor dem Eingang des Hauses, in dem Madame Lafajettes residierte, schraubte ein älterer Mann mit Schiebermütze an einem Motorrad herum.

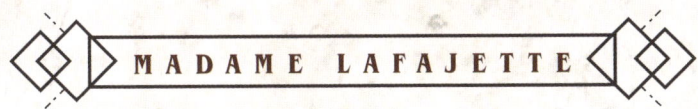

MADAME LAFAJETTE

„Wenn das mal sein eigenes ist", murmelte Hartmann und raunte mir zu: „Das ist Finten-Freddy, ein Schlitzohr vor dem Herrn. Ich kenne ihn noch aus meinen Zeiten als Revierpolizist. Muss ewig her sein."

Finten-Freddy schaute nicht einmal auf, geschweige denn, dass er auch nur das geringste Anzeichen des Wiedererkennens zeigte.

„Platz da!", schrie ein Kind und ließ einen Holzreifen übers Pflaster schnellen. Ich konnte ihm gerade noch ausweichen.

„Kein Respekt mehr, diese Gören heutzutage!", echauffierte sich der Kommissar, wenn auch nicht ganz bei der Sache, denn er inspizierte bereits die Klingeltafel. „Madame Lafajette, da haben wir sie ja."

‚Kunden 3x klingeln', war auf einem kleinen handgeschriebenen Zettel zu lesen. Ohne Zögern betätigte Hartmann dreimal den Seilzugmechanismus. Wir betraten das Treppenhaus, das schon bessere Zeiten gesehen hatte, und stiegen in den ersten Stock hinauf.

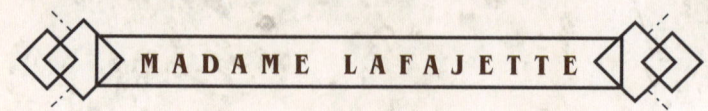

MADAME LAFAJETTE

Die Wohnungstür der Lafajette war verschlossen, und wir klopften.

„Bin gleich da!", ließ sich eine weibliche Stimme vernehmen. Wieder verstrich die Zeit, dann ging endlich die Tür auf. Vor uns stand eine junge Frau, eher noch ein Mädchen. Sie trug eine Art Nachthemd mit Spitzenbordüren, dazu einen seltsamen Kopfputz, als käme sie geradewegs von einer Varietébühne heruntergeeilt.

„Madame Lafajette?", fragte Hartmann ungläubig.

„Nee, nich direkt", erwiderte das Mädchen freundlich. „Aber komm' Se schon ma' rin." Sie machte eine einladende Geste, die die kleinen Kristalle, die an Schnüren an ihrem Putz baumelten, zum Klingeln brachte.

„Vielleicht sollten wir ein andermal wiederkommen", schlug ich vor, ohne den Blick von ihrem klingenden Kopfschmuck abwenden zu können.

„Nur keene Sorje! So lang kann et nu ooch nich dauern." Sie führte uns durch einen langen dunklen Flur und stieß die Tür zu einem ebenso dunklen Raum auf. „Immer rin inne jute Stube."

Der Schreibtisch einer Wahrsagerin

Das Zimmer war großzügig bemessen, verfügte aber nur über ein einziges Fenster, das dazu mit mehreren Tüchern verhängt war. Dafür gab es zwei in entgegengesetzte Richtungen abgehende Türen: die, durch die wir gekommen waren, und eine weitere, die im Halbdunkel und dazu von einem Perlenvorhang verdeckt, nur zu erahnen war. Wir befanden uns in einem sogenannten Berliner Zimmer, von denen es in der Stadt vermutlich Tausende gab.

Ein Streichholz flammte auf: Das Mädchen entzündete eine Kerze.

„Bittschön, setzen Se sich." Sie wies Hartmann einen Stuhl und holte von irgendwoher einen zweiten für mich. Wir nahmen Platz und starrten auf das niedrige Tischchen vor uns. Darauf lag eine Glaskugel, in der sich das Kerzenlicht ebenso wie das leere Auge eines Totenkopfs spiegelte, der effektvoll daneben platziert war.

Madame Lafajette

Tochter Ludmilla

„Meine Mu… Madame Lafajette is gleich da", versprach uns die junge Frau. „Machen Se sich's ordentlich bequem." Sie hielt inne und warf uns einen eigentümlichen Blick zu, als müsse sie sich sammeln und wir uns auf etwas gefasst machen. Und so kam es dann auch. Von einem seitlichen Handschwenk begleitet, tat sie einen kleinen Hüpfer, dann wogte sie mit leidlicher Grazie um uns herum wie Algen in einem Teich, wobei sich ihr Kopfputz gefährlich neigte.

Geschickt ließ sie ein weiteres Streichholz aufflammen, mit dem sie den Inhalt einer Messingschale entzündete. Unter beträchtlicher Rauchentwicklung entfaltete sich ein starker, weihrauchähnlicher Geruch, der sofort den ganzen Raum erfüllte. Für einen Moment fragte ich mich, ob sie uns betäuben wollte, doch der Fortgang ihrer Darbietung sprach dagegen. Plötzlich hielt sie ein Tamburin in Händen, mit dem sie, rhythmisch den Takt schlagend, in Wiegeschritten durch den Raum tänzelte.

MADAME LAFAJETTE

Ich schielte verstohlen zu Hartmann hinüber, der meinem Blick sofort auswich, als sei ihm hochnotpeinlich, was wir gerade gemeinsam durchlebten.

Endlich waren von draußen erlösende Schritte zu hören. Der Perlenvorhang rauschte auf, und Madame Lafajette stand vor uns: ein scharf geschnittenes Gesicht ohne jede Weichheit, dazu ein stechender Habichtsblick. Ein Lächeln schien geradezu ein Ding der Unmöglichkeit zu sein.

Zum gemusterten, nach hinten geknoteten Kopftuch trug sie silberne Creolen, dazu eine bestickte Bluse mit gepufften Ärmeln und einen wallenden Rock, der ihr bis zu den Füßen reichte. Die aktuelle Mode sah anders aus, aber Madame Lafajette scherte das offensichtlich nicht. Vielleicht handelte es sich aber auch um eine Art Berufskleidung.

„Kommissar Hartmann! Was führt Sie zu mir?", fragte die Wahrsagerin für mich überraschend. „Haben Sie Kummer?" Ihre Augen blitzten, dann schnellte ihr Blick, scharf wie ein Blüchersäbel, zu mir herüber.

„Madame Lafajette!", grüßte Hartman, ohne auf ihre Bemerkung einzugehen. „Oder sollte ich lieber Else Strunz sagen?" Dieses Mal war es an der Wahrsagerin, die Frage zu ignorieren.

„Sie kennen sich?", fragte ich höchst erstaunt.

„Nicht direkt", antwortete Hartmann ausweichend. „Persönlich sind wir uns noch nicht begegnet."

„Aber woher weiß sie dann, dass Sie es sind?", entfuhr es mir. Ich starrte zuerst ihn, dann die Wahrsagerin an.

Frage 1: Woher weiß Madame Lafajette, dass es sich um Kommissar Hartmann handelt, obwohl sie ihm noch nie persönlich begegnet ist?

MADAME LAFAJETTE

Glaskugel-Psychologie

„Wie hieß noch gleich der Kriminale, der mich in diesem schwierigen Mordfall damals zu Rate gezogen hat?", fragte Madame Lafajette hintergründig. „Glauwitz oder Glowitz?"

„Glowitz", antwortete Hartmann unwillig.

„Mit meiner Hilfe konnte Glowitz den Mörder dingfest machen, wie Sie sich sicher erinnern werden", erzählte die Wahrsagerin. „Aber leider hat Sie das nicht glücklich gemacht, wie ich hörte. War da etwa Eifersucht im Spiel?"

„Unsinn!", widersprach der Kommissar. „Ich bevorzuge nur andere Arbeitsmethoden."

„Die auch nicht immer zielführend sind", ergänzte die Frau und ließ nun doch den Ansatz eines Lächelns erkennen.

„Das erklärt aber noch nicht, woher Sie gleich seinen Namen wussten", warf ich ungeduldig ein.

„Finten-Freddy", antwortete Hartmann an Stelle der Wahrsagerin und schaute sie dabei an. „Er hat seinem Namen anscheinend alle Ehre gemacht. Sie trafen ihn, als Sie nach Hause kamen, und er konnte die Neuigkeit nicht für sich behalten. Ganoven sind gewöhnlich gut unterrichtet. Er weiß also auch, dass ich inzwischen in einer anderen Funktion tätig bin. Und hat Ihnen brühwarm erzählt, wer Ihnen da einen Besuch abstattet. Liege ich richtig, *Madame?*"

Sie antwortete nicht, doch ihr ausbleibender Widerspruch ließ sich nur als Zustimmung interpretieren. Gemessenen Schrittes durchquerte sie den Raum und nahm auf dem thronartigen Sessel hinter dem Tischchen mit der Glaskugel Platz.

„Das ist übrigens meine Tochter Ludmilla." Ein kurzes Kopfnicken in Richtung des Mädchens, das sich im Hintergrund hielt. „Sie bringt ein bisschen Glanz in diese bescheidene Hütte."

„Eine merkwürdige Betätigung für ein junges Mädchen", befand der Kommissar wenig schmeichelhaft.

„Finden Sie?" Madame Lafajettes Augen bohrten sich in seine. „Immerhin muss sie sich nicht leichtbekleidet in dunklen Hauseingängen oder stinkenden Abrissbuden betätigen." Die Anspielung war unmissverständlich. „Manchmal serviert Ludmilla aber auch im Blauen Bären, falls Sie das beruhigt. Eine recht nützliche Tätigkeit, auch für mich." Wieder dieses hintergründige Lächeln.

Manchmal serviert Ludmilla auch im Blauen Bären.

„Der Blaue Bär ist eine Opiumhöhle", stellte Hartmann in tadelndem Tonfall fest.

„Dat is ne jute Arbeet", mischte sich das Mädchen ein. „Die Jäste sind so wegjetreten, dat se nich uff dumme Jedanken komm'. Inne Banana-Bar oder im Wilden Mann, wo ick ooch manchmal aushelf, da jeht et schon anders zur Sache. Vorne hui, hinten pfui, versteh'n Se?"

„Nicht direkt", gab ich zu.

„Vorn wird jetanzt und hinten jezockt", antwortete sie bereitwillig. „Wenn die feinen Herren jewonn'n ham, dann wer'n se schomma übermütich. Zudringlich, mein ick damit. Aber schlimmer sin die, die verlor'n ham. Die wer'n dazu noch jefährlich. Wenn Se da –"

„Danke, das reicht, Ludmilla!", schnitt Madame Lafajette ihr das Wort ab. „Du kannst gehen."

„Schon jut", zischte das Mädchen und rauschte mit klirrendem Kopfputz davon. Hartmann und ich schwiegen betreten.

„Wo wir beim Geschäft sind", kam Madame Lafajette auf unseren Besuch zurück. „Warum genau beehren Sie mich noch einmal mit Ihrer Anwesenheit?"

Hartmann hatte offenbar beschlossen, die Angelegenheit nicht länger als nötig hinauszuzögern und berichtete ihr in knappen Worten, was Frau Wellenhoff uns vorgetragen hatte.

Vorderer Gastraum im Blauen Bären

„Es existiert kein Goldmünzen-Versteck", erklärte die Lafajette zu unserer Überraschung, nachdem er zum Schluss gekommen war. „Oder sagen wir besser: Das Ehepaar war nicht mehr im Besitz dieser Münzen. Und darin lag das Problem. Aus Verzweiflung darüber hat sich Frieder Wellenhoff von der Brücke gestürzt. Genau wie die Polizei später gesagt hat."

„Aber Sie behaupteten gegenüber der Wellenhoff, es sei ein Unfall gewesen", wandte Hartmann ein.

„Weil ich nicht so herzlos bin wie die Polente", antwortete die Wahrsagerin ohne Zögern. „Wie steht die Frau denn da mit 'nem Selbstmörder? Lieber eine schöne Lüge als eine hässliche Wahrheit, sage ich immer. Ist sozusagen ein Grundprinzip meiner Arbeit."

„Und woher wussten Sie, wo man ihn finden würde?", schaltete ich mich ein. Hokuspokus hin oder her – ich konnte nicht leugnen, dass mir diese Frau imponierte.

Selbstmörderfriedhof

„Frau Wellenhoff erzählte mir, ihr Mann sei oft an der Havel gewesen. Zum Fluss hin zieht's alle, die mit ihrem Leben fertig sind. Die fahren dann meinetwegen nach Spandau raus oder zur Stößenseebrücke und ab ins Wasser. Ende. Dann treiben Sie runter bis Grunewald. Da macht die Havel so 'ne Art Knick, wie'n Blinddarm. Und da werden sie dann oft angetrieben. Das müsste die Polizei doch wissen." Sie sah Hartmann an, der nickte.

„Das ist mir bekannt, ja."

„Dann kennen Sie sicher auch den Selbstmörderfriedhof dort ganz in der Nähe?" Hartmann kannte ihn anscheinend. Ich nicht.

„Da nimmt man's nicht so genau mit der geweihten Erde, und irgendwo müssen die armen Seelen ja hin", fuhr sie fort. „Also." Sie verschränkte die Hände und legte sie auf die Tischplatte. „Vertrauen Sie auf meine Erfahrung. Ich hab beruflich viel zu tun mit diesen Angelegenheiten. Und ich sage Ihnen: Der Wellenhoff ist gesprungen. Weil alles weg war. Weil er das Vermögen seiner Frau verprasst hat und es ihr nicht eingestehen wollte, der arme Teufel."

Des einen Freud, des anderen Leid

„Wie können Sie sich in dieser Angelegenheit so sicher sein?", hakte ich nach, denn Hartmann war seltsam stumm geworden. Die Wahrsagerin zuckte die Achseln. „Das lag doch auf der Hand", behauptete sie. „Er verkehrte im Blauen Bären, wie Frau Wellenhoff wusste. Das ist nun aber kein Lokal, in dem man ehemalige Kollegen trifft. Der Herr Kommissar hat das ja schon ganz richtig festgestellt. Der Blaue Bär ist eine Opiumhöhle. Geselligkeit steht da eher hinten an. Bedenken Sie: Der Mann war gemütskrank, wie fast alle ehemaligen Soldaten. Er brauchte Entspannung, suchte das Vergessen – da leistet Opium gute Dienste. Aber es kostet eine Menge Geld."

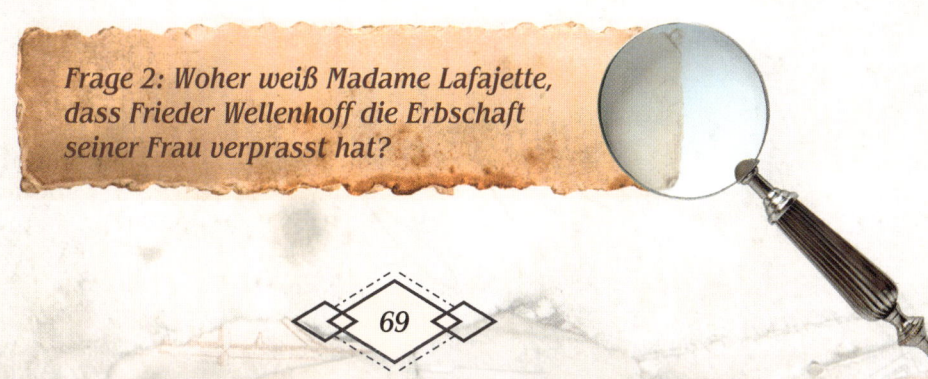

Frage 2: Woher weiß Madame Lafajette, dass Frieder Wellenhoff die Erbschaft seiner Frau verprasst hat?

MADAME LAFAJETTE

„Aber seine Beratertätigkeit", wandte ich ein. Die Lafajette winkte kopfschüttelnd ab.

„Alles Humbug. Der war dem Glücksspiel verfallen. Deshalb die häufigen Besuche im Wilden Mann. Nach und nach hat er dann alles verprasst, bis nichts mehr übrig war. So geht's allen, die ihre Finger nicht vom Spiel lassen können. Es war die reinste Menschlichkeit, dass ich dieser Frau Wellenhoff nicht die Wahrheit gesagt hab. Aber Undank ist der Welt Lohn, da hat man's wieder. Jetzt soll ich die Münzen angeblich genommen haben!" Sie nahm die Hände vom Tisch, und im selben Moment hörten wir von irgendwoher ein Schellen. Einmal, zweimal, dreimal.

„Wir werden der Sache auf den Grund gehen, Frau Strunz", erklärte Hartmann. Madame Lafajette schien das gleichgültig.

„Sie werden sehen, dass ich recht hab. Und jetzt entschuldigen Sie mich, ich hab' ‚Kundschaft.'" Wir standen auf, um uns von ihr zu verabschieden, doch sie blieb sitzen und zog die Glaskugel zu sich heran. „Setzen Sie sich in Ihren schönen Wagen und lassen sich in die Rote Burg chauffieren, Herr Kommissar."

„Wie bitte?" Hartmann war sichtlich irritiert.

„Sie fahren nicht selbst, dass seh ich hier in meiner Kugel." Madame Lafajette klopfte mit dem Knöchel gegen das Glas, dann zeigte sie auf mich. „Sie fährt."

Hartmann verlor die Fassung. „Woher, zum Kuckuck, wissen Sie das?"

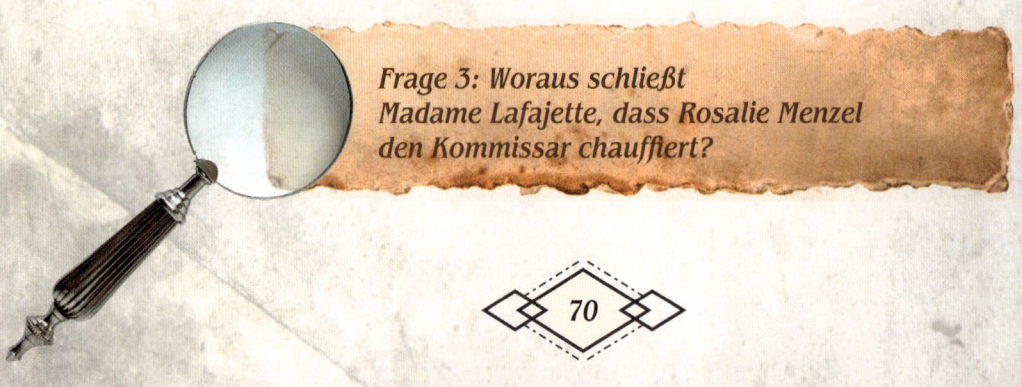

Frage 3: Woraus schließt Madame Lafajette, dass Rosalie Menzel den Kommissar chauffiert?

Frau am Steuer – Abenteuer

Die Wahrsagerin blieb uns die Antwort schuldig, was Hartmann offenbar stärker als alles andere zusetzte.

„Jetzt erleben Sie einmal, wie es ist, wenn man dabeisteht und nicht weiß, wie andere ihre Schlüsse ziehen", zog ich ihn auf. „Ich denke aber, in diesem Fall ist die Sache ganz einfach."

„So?" Er hob erstaunt die Augenbrauen und blieb stehen.

„Hier". Ich deutete auf meine rechte Hand. „Dieser Ölfleck. Der ist nicht so einfach zu entfernen. Und hier", ich deutete auf meinen Rock. „Noch ein Schmutzfleck. Der ist nun wirklich ärgerlich, denn die Reinigung bekomme ich nicht bezahlt."

„Der Ölfleck. Ganz recht, Fräulein Kriminalassistentin. Just in dem Moment, bevor Sie ihn ansprachen, war ich selbst darauf gekommen." Ich konnte mir ein empörtes Auflachen nicht verkneifen. „Die Reinigungskosten übernehme selbstverständlich ich", grummelte der Kommissar.

KAPITEL 4

DIE PERLEN DER FRAU GEHEIMRAT

DIE PERLEN DER FRAU GEHEIMRAT

Tee und Geschmeide

„Juwelendiebstahl ist mir eins der liebsten Verbrechen", erklärte Kommissar Hartmann und lehnte sich behaglich in seinem Stuhl zurück. „Man befindet sich in angenehmer Umgebung, muss nicht um seine Garderobe fürchten – und mit etwas Glück bekommt man sogar eine Tasse Kaffee." Er blickte auf und lächelte dem Hausmädchen, das ihm gerade einschenkte, freundlich zu. Im selben Moment schwappte der Kaffee über.

„Entschuldi'jen Se vielmals", stammelte die junge Frau mit hochrotem Kopf. Sie stellte die Kanne ab und beseitigte das Malheur hastig mit einer Serviette.

„Diese kleinen Kekse hier sind köstlich", versuchte ich abzulenken, weil sie mir leid tat. „Mit echter Butter gebacken, stimmt's?"

„Ick weeß et nich'", antwortete sie angespannt. „Aber ick werd' die Köchin fragen. Kann ick sonst noch irjendwatt tun?"

„Danke, wir sind wunschlos glücklich", antwortete Hartmann aufgeräumt. Er musste heute wirklich einen guten Tag haben. Weniger glücklich hingegen war die Dame des Hauses, die in diesem Moment hereinrauschte.

„Da sind Sie ja endlich!", rief sie aus, als sei nicht sie diejenige gewesen, die auf sich hatte warten lassen.

„Was auch umgekehrt zutreffen dürfte", bemerkte der Kommissar ohne Groll und erhob sich, um sie zu begrüßen.

Wir waren in die Villa des Regierungsrats Hummel im Geheimratsviertel gerufen worden – eine besonders vornehme Gegend im Bezirk Tiergarten,

Die Eheleute Hummel vor ihrer Villa im Geheimratsviertel

die ihren Beinamen der Tatsache verdankte, dass hier vornehmlich hohe Beamte residierten. In besagter Villa hatte es in der vergangenen Nacht einen Einbruch gegeben, wie uns gemeldet worden war. Ein überaus wertvolles Perlencollier mit passendem Armband und Ohrgehängen sei gestohlen worden.

„Was können Sie uns über den Diebstahl sagen, Frau Regierungsrat?", kam Hartmann ohne Umschweife zur Sache, nachdem sie Platz genommen hatte.

„Ich? So gut wie nichts!", gab sie frostig zurück. „Wir waren über Nacht verreist und sind erst heute Morgen gegen halb neun Uhr zurückgekehrt. Ich haben Ihnen also nichts weiter mitzuteilen, als dass der Schmuck fehlte."

„Was Sie gleich nach Ihrer Ankunft festgestellt haben?"

„Nicht sofort, aber doch recht bald, während des Auspackens. Ich hatte ein anderes Collier mitgenommen, da es besser zu meiner Abendrobe passte, und als ich es zurücklegen wollte, bemerkte ich, dass die Perlen fehlten. Weiße Südseeperlen, die wertvollsten der Welt."

Diamonds are a girl's best friend.

„Die vor Ihrer Abreise noch da waren?"

„Ganz recht."

„Sind Sie sicher?", insistierte Hartmann. „Manchmal täuscht die Erinnerung, und eine Sache liegt länger zurück als angenommen. Manchmal erinnert man sich falsch – oder gar nicht."

„Herr Kommissar, glauben Sie etwa, ich bin senil?", empörte sich die Frau Regierungsrat. „Die Perlen waren gestern noch da. Punkt."

„Vielleicht können Sie uns mehr sagen?", wandte Hartmann sich an die junge Bedienstete, die noch immer ein wenig linkisch neben der Tür stand.

„Ick weeß jar nüscht." Sie schüttelte heftig den Kopf.

„Wann haben denn Sie die Perlen zuletzt gesehen?"

Sie überlegte kurz. „Det war beim Packen. Der Herr Rejierungsrat hatte den Tresor uffjemacht und die Schmuckschatulle rausjeholt, damit die gnädije Frau sich wat raussuchen konnte."

„Und er hat den Tresor danach wieder geschlossen?"

„Ja, ja. Det macht er immer, wenn er wat rausjeholt hat."

„Und die Schatulle hat er seiner Frau gegeben?"

„Nee, nich direkt. Der Tresor is ja im Schlafzimmer vonne Herrschaften. Ick hab se dann rüberjebracht ins Ankleidezimmer, weil die gnädije Frau sich noch am Frischmachen war. Dann hat et noch wat jedauert, weil se sich nich entscheiden konnte zwischen die Smaragde und die Perlen."

„Was heißt hier, ich konnte mich nicht entscheiden?", warf Frau Hummel ein. „Ich habe lediglich die Optionen geprüft."

„So vornehm hab ick det jetzt uffe Schnelle nich rausjebracht", rechtfertigte sich die junge Frau. „Ick meen ja nur, det nich mehr viel Zeit war, der Herr Jegierungsrat hat ja schon im Wagen jesessen und janz unjeduldich jehupt. Deshalb bin ick doch mit'm Koffer schon ma runter, gnädije Frau."

„Danach hat der Herr Kommissar nicht gefragt, Ermine!", schalt Frau Hummel ihre Bedienstete. „Und ich glaube auch nicht, dass das irgendetwas zur Sache tut."

„Bei einem Kriminalfall kann zunächst alles wichtig sein", schaltete Hartmann sich ein. Doch die Frau Regierungsrat schien anderer Ansicht.

„Es geht hier um gestohlenen Schmuck und nicht um unsere Privatangelegenheiten."

„Der Schmuck lagerte also im Tresor?", fragte Hartmann, ihren Einwand übergehend.

„Ganz recht", antwortete sie schmallippig.

„Und wer kannte die Zahlenkombination?"

Sie zupfte an ihrem Kragen herum. „Mein Gatte."

„Und Sie, werte Frau Hummel? Was ist mit Ihnen?"

„Ach Gott, ich und Zahlen!" Sie stieß einen unfrohen kleinen Lacher aus. „Nein, ich kenne sie nicht."

„Sonst jemand vielleicht?"

„Nein, niemand! Außer dem Dieb natürlich – er muss sie sich irgendwie erschlichen haben. Vielleicht ein Mentalist", mutmaßte die Frau Regierungsrat. „Neulich im Varieté haben wir einen gesehen. Er konnte auf den Tag genau die Geburtsdaten der Zuschauer hersagen. Leider erinnere ich mich nicht an seinen Namen, aber für die Polizei wird es wohl ein Leichtes sein, ihn in Erfahrung zu bringen."

„Wie ist denn dieser Mann mit Ihnen in Kontakt getreten?", schaltete ich mich ein.

„In Kontakt?" Sie runzelte irritiert die Stirn. „Wie meinen Sie das?"

DIE PERLEN DER FRAU GEHEIMRAT

„Wenn er ein Mentalist war, muss er ja irgendeine Verbindung zu Ihnen hergestellt haben", erklärte ich ihr. Sie setzte schon zu einer Erwiderung an, hielt dann jedoch inne, als sei ihr in diesem Moment die Logik meiner Worte zu Bewusstsein gekommen.

„Nun, Sie sind die Kriminalisten", lenkte sie schnippisch ein. „Sie müssen herausfinden, wie so etwas vonstatten geht."

„Es ging gar nicht vonstatten", widersprach Hartmann ruhig. „Zumindest nicht so, wie Sie vermuten. Und auch nicht so, wie Sie den Hergang geschildert haben."

Frau Hummel riss die Augen auf. „Wollen Sie damit etwa sagen, ich hätte den Diebstahl erfunden?", fragte sie schneidend. „Es wird wohl doch nötig sein, dass sich mein Gatte des Problems annimmt. Der lässt Ihnen diese Frechheiten nicht durchgehen, glauben Sie mir! Allerdings werden Sie warten müssen, denn er hat dringende Regierungsgeschäfte zu erledigen. Deshalb sind wir ja so zeitig abgereist, wir wollten auf jeden Fall pünktlich zurück sein."

„Schon der Aufbruch geschah offenbar in Eile", bemerkte Hartmann.

„Wer behauptet das?"

„Es kam vorhin zur Sprache. Ihr Mädchen sagte, Sie ..."

„Ach was!" Die Hummel winkte ärgerlich ab. „Das war doch nur die dumme Ermine!"

„Aber es war ein wertvoller Hinweis", ließ der Kommissar sich nicht beirren. „Immerhin wissen wir jetzt, dass der Tresor nicht von fremder Hand geöffnet wurde."

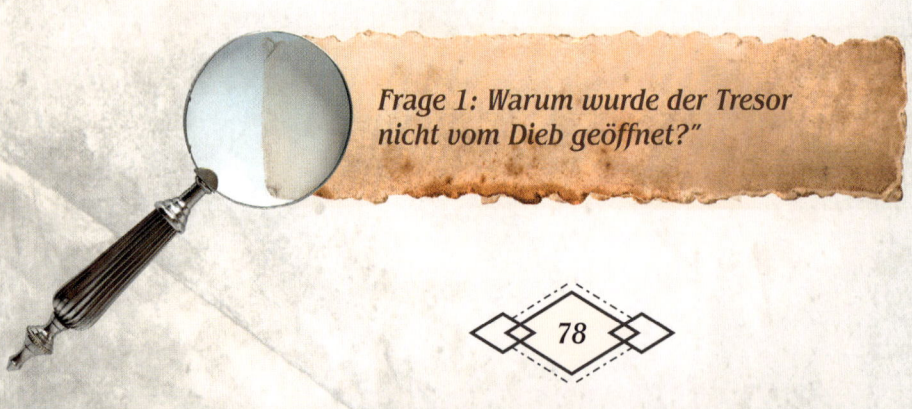

Frage 1: Warum wurde der Tresor nicht vom Dieb geöffnet?"

Rubine und Perlen

„Ich kann Ihnen nicht folgen", erklärte die Frau Regierungsrat pikiert.

„Dann will ich es Ihnen erklären", entgegnete Hartmann geduldig, nahm einen letzten Schluck Kaffee und stand auf. „Wenn Sie uns dazu bitte in Ihr Ankleidezimmer führen würden?" Die Hummel kam der Bitte widerwillig nach.

„Es ist doch recht einfach", hob der Kommissar an, nachdem wir uns in dem elegant eingerichteten Raum eingefunden hatten, der größer war als das Zimmer, in dem ich zur Untermiete wohnte. „Der Herr Regierungsrat ging ins Schlafzimmer, holte die Schmuckschatulle aus dem Tresor und ließ sie von Ermine zu Ihnen ins Ankleidezimmer bringen. Sie probierten den Schmuck, waren zunächst unschlüssig, erwogen dieses und jenes und entschieden sich schließlich für die Rubine. Derweil drängte Ihr Gatte schon zur Abfahrt – aus dem Wagen heraus, wie Fräulein Ermine zu berichten weiß. Hätten Sie die Perlen in den Tresor zurücklegen wollen, hätte Ihr Gatte nochmals ins Haus kommen müssen. Der Tresor war ja inzwischen wieder verschlossen. Aber nichts dergleichen geschah.

DIE PERLEN DER FRAU GEHEIMRAT

In Wahrheit ließen Sie die Perlen versehentlich liegen, Sie waren ja sehr in Eile. Und zwar vermutlich dort, wo Sie gesessen haben." Er deutete auf das Frisiertischchen. „Könnte es nicht so gewesen sein, Frau Hummel?" Unter Hartmanns eindringlichem Blick schien sie förmlich zu schrumpfen.

„Möglicherweise … "

„Ja oder nein?"

„Nun, ich kann nicht gänzlich ausschließen, dass es so gewesen ist."

„Gut, dann hätten wir das geklärt." Hartmann nickte zufrieden. „Ich würde gern noch einmal Ihr Mädchen sprechen. Wenn Sie sie bitte rufen würden."

„Ermine!", rief Frau Hummel in schrillem Ton. Sofort ging die Tür auf, und die junge Frau schlüpfte ins Zimmer. Entweder konnte sie fliegen, oder sie hatte hinter der Tür gehorcht.

„Wertes Fräulein Ermine", begann der Kommissar. „Waren Sie gestern Abend im Haus?" Ermine zögerte kurz.

„Nee, war ick nich", erklärte sie dann. „Ick hatte doch frei wejen die Reise von die Herrschaften. Un deshalb bin ick ausjejangen."

„Und wann waren Sie zurück?"

„So um achte, würd ick sagen."

„Das war aber eine recht brave Uhrzeit!", spöttelte Hartmann gutmütig, wurde aber gleich wieder ernst. „Dann sind Sie während des Einbruchs vermutlich im Haus gewesen."

„Aber ick hab nüscht jehört!", widersprach Ermine heftig. „Ooch nich den Krach vom Fenster."

„Fenster? Welches Fenster?"

„Det, wo der Dieb reinjekommen is inne Nacht."

DIE PERLEN DER FRAU GEHEIMRAT

„Der Dieb ist durch ein Fenster eingestiegen?" Hartmann und mir war die Verwunderung anzusehen. „Warum erwähnten Sie das nicht früher?", wandte sich Hartmann an die Frau Regierungsrat. „Ich hätte es sicher schon noch zur Sprache gebracht, wenn Sie sich nicht so für unsere Privatangelegenheiten interessiert hätten", erwiderte sie spitz. „Es liegt im Erdgeschoss, zum Garten hinaus."

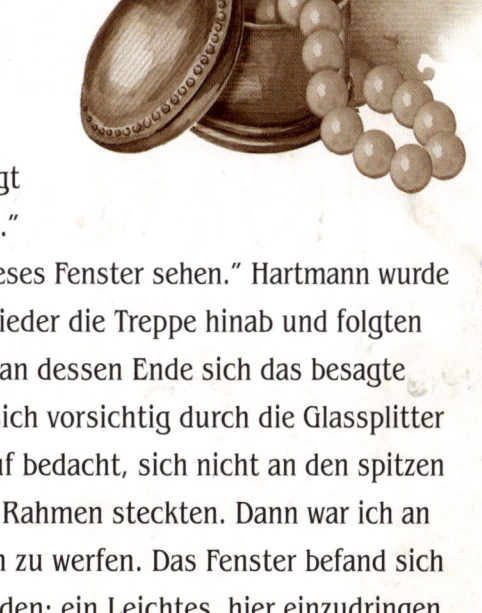

„Ich möchte jetzt wirklich gern dieses Fenster sehen." Hartmann wurde plötzlich ungeduldig. Wir stiegen wieder die Treppe hinab und folgten Ermine durch den Dienstbotenflur, an dessen Ende sich das besagte Fenster befand. Hartmann tastete sich vorsichtig durch die Glassplitter und schaute hinaus, sorgsam darauf bedacht, sich nicht an den spitzen Scherben zu verletzen, die noch im Rahmen steckten. Dann war ich an der Reihe, einen Blick nach draußen zu werfen. Das Fenster befand sich etwa eineinhalb Meter über dem Boden: ein Leichtes, hier einzudringen. Im Kiesbett darunter glitzerten Glasscherben, auch lag dort ein zerbrochener Blumentopf. Die violetten Blüten eines zertretenen Usambaraveilchens hoben sich kontrastreich von den hellen Kieseln ab. Ich zog den Kopf zurück und wandte mich zu Hartmann um.

„Hier stimmt etwas nicht", sagte ich und war mir meiner Sache sehr sicher.

Frage 2:
Was stimmt in Rosalie Menzels Augen nicht?

Veilchenliebe

„Natürlich stimmt hier etwas nicht", giftete Frau Hummel. „Sonst hätte ich Sie wohl kaum rufen lassen." Ich nahm mir ein Beispiel an Hartmann und überging ihre spitze Bemerkung.

„Hat das Usambaraveilchen hier auf der Fensterbank gestanden?", fragte ich Ermine. Sie nickte zustimmend. „Das ist merkwürdig. Wenn der Dieb von draußen kommend die Scheibe eingeschlagen hätte, wäre die Pflanze nach innen gefallen. Was wiederum nur bedeuten kann, dass er schon drin war."

„Er war schon im Haus?", rief die Frau Regierungsrat erneut mit schriller Stimme. „Aber warum hat er dann die Scheibe eingeschlagen?"

„Um zu vertuschen, wie er tatsächlich hereingekommen ist", erwiderte ich und schaute dabei Ermine an. „Ein Fenster geht nicht leise zu Bruch", sagte ich zu ihr. „Haben Sie denn gar nichts mitbekommen?"

„Ick schlaf janz oben inne Kammer unterm Dach, da hör ick nich, wat unten passiert", stieß sie mit flachem Atem hervor und wandte sich nun direkt an ihre Arbeitgeberin. „Gnädije Frau, ick hab nüscht jenommen. Ehrlich."

Schlagartig wurde mir klar, warum sie so ängstlich und nervös war: Ihre Anstellung stand auf dem Spiel.

„Wir können wohl davon ausgehen, dass der Zeitpunkt des Diebstahls nicht ganz zufällig gewählt war", meldete sich Hartmann wieder zu Wort. „Der Dieb wusste, dass alle aus dem Haus waren – bis auf Sie." Er deutete auf das Dienstmädchen.

„Icke? Aber ick hab damit nüscht zu tun!"

„Mit wem waren Sie aus, Ermine?"

Ermine wirkt sehr ängstlich und nervös.

Ihr Blick flog panisch zwischen dem Kommissar und der Hummel hin und her. „Bitte, muss ick det jetz hier …"

Hartmann zeigte Verständnis. „Frau Hummel, wir müssten uns einmal allein mit Ihrer Angestellten unterhalten."

„Aber bitte! Hier zieht es ohnehin ganz furchtbar!" Die Hummel reckte ihr Kinn in die Höhe.

„Wer besitzt die Schlüssel fürs Hauptportal, Frau Regierungsrat?"

„Nur mein Gatte und ich. Wenn der Dieb wirklich zur Tür hereinspaziert ist, dann sicher durch den Dienstboteneingang." Mit diesen Worten drehte sie sich um und stolzierte davon. Ihre Vermutung hatte eine gewisse Berechtigung, das ließ sich nicht abstreiten. Ich sah Hartmann an, dass er ähnlich dachte. Er wandte sich wieder dem Mädchen zu. „Noch einmal, Ermine: Mit wem waren Sie aus?"

„Mit dem Herrn Schüchte", antwortete sie verlegen. „Emil Schüchte. Den hatt' ick vor unjefähr ner Woche kennenjelernt. Jestern Abend hat er mir ausjeführt, zum Essen und so. Er hatte aber noch Schichtdienst in der Bar, wo er kellnert, und deswejen hat er mir früh heimjebracht. Zu Fuß, weil er meinte, det wär romantischer als so'n oller Bus oder 'ne Kutsche.

Ermine schlief tief und fest.

Na ja, billiger war et wohl ooch", setzte sie hinzu und seufzte resigniert. „Er hat versprochen, dass er wiederkommt nach Feierabend, also spät inne Nacht. Et war ja mein einzijes freies Wochenende für diesen Monat, und er meinte, er wollt et dann wieder jutmachen, det er mich so schnell alleinjelassen hat an dem Abend." Sie wurde beim Sprechen puterrot.

„Aber er ist nicht gekommen, richtig?", fragte ich.

„Nee, isser nich." Ermine sah zu Boden. „Als ick wach wurd', war et schon hell. Mit Emil hatte ick Wein jetrunken und bin oof eemal furchtbar müde jeworden. Ick konnt mich kaum uffe Beene halten und wollt nur noch ins Bett. Aber ick dacht', wenn er wiederkommt, würd' ick schon wach werden." Sie druckste verlegen.

„Was hatten Sie denn ausgemacht, wie er ins Haus gelangen sollte?", wollte Hartmann wissen. Diese Frage hatte ich mir auch schon gestellt.

„Wir ham ussjemacht, det er unten klopft", antwortete sie, und ihr Gesicht glühte.

„Nein, nein, nein!" Hartmann hob mahnend den Zeigefinger. „Fräulein Ermine, das ist nicht die Wahrheit."

Frage 3:
Warum muss Ermine gelogen haben?

Üble Tricks

„Sie erzählten uns, dass Sie oben in ihrer Dachkammer nicht hören, was unten vor sich geht", hielt er ihr vor. „Wenn Sie also tatsächlich nicht hörten, wie die Scheibe zu Bruch ging, dann hätten sie auch kein Klopfen gehört. Sie kannten das Problem und deshalb haben Sie diesem Emil den Schlüssel vom Dienstboteneingang gegeben, nicht wahr?"

„Nee, so wat würd ick nie tun!", beteuerte sie und brach in Tränen aus.

„Es gibt nur zwei Möglichkeiten, Ermine: Entweder, Sie haben ihn hineingelassen, was Sie zur Mittäterin macht, denn zumindest haben Sie sein Treiben geduldet. In diesem Fall hätten Sie sich nicht schlafen gelegt, sondern auf ihn gewartet. Was wiederum die Vermutung nahelegt, dass Sie den Diebstahl vorab geplant hatten – das Ehepaar Hummel aus dem Haus, Sie ganz allein, dazu der wertvolle Schmuck, der offen herumlag …"

„Det hab ick nich jewusst!", rief die junge Frau verzweifelt aus. „Ick hab nich mitjekriegt, det sie die Perlen hat liejenlassen. Ick dachte, sie hätt alles mitjenommen; ick war ja selbst ooch jar nich mehr im Zimmer.

Mit dem Schlüssel öffnete der Dieb die Dienstbotentür, schaute sich in aller Ruhe um und nahm mit, was zu holen war.

Ick schwör's, Herr Kommissar!"

„Wenn ich mir für jeden falschen Schwur, den ich zu hören bekommen habe, ein Haar ausreißen würde, wäre ich kahl", behauptete Hartmann ungerührt. „Aber es bleibt ja noch die andere Möglichkeit, Ermine: Sie haben diesem Emil den Schlüssel gegeben und sich schlafen gelegt. Falls es so war, ist es durchaus möglich, dass Sie alles verschlafen haben. Weil er ihnen nämlich eine Substanz verabreichte, die Sie schlaftrunken gemacht hat. Davon hören wir in letzter Zeit leider immer wieder. Während Sie schliefen, spazierte er durch die Dienstbotentür herein, schaute sich in aller Ruhe um und nahm mit, was zu holen war. Dabei hatte er mehr Glück als Verstand, weil der wertvolle Schmuck offen herumlag. Er steckte ihn ein, zerschlug die Scheibe, um das Ganze nach einem Einbruch aussehen zu lassen, und zog von dannen." Ermine schluckte hart und schlug die Augen nieder. „Wissen Sie, wo dieser Emil wohnt?"

DIE PERLEN DER FRAU GEHEIMRAT

„In der Landsberger Allee, hinter der Metzgerei", antwortete sie leise. „Aber da wollt' er so schnell wie möglich weg, weil das 'n Dreckloch wär, wie er meente. Deswejen wollt er mich ooch nich mit zu sich nehm."

„Natürlich nicht!", erklärte Hartmann mit bissigem Spott und schaute mich an. „Auf, auf, Fräulein Menzel! Wir haben keine Zeit zu verlieren."

Wir hatten Glück. Gerade, als wir die Adresse ausfindig gemacht hatten – der Hinterhof einer Metzgerei, wie Emilie gesagt hatte –, stieg ein Mann die Kellertreppe hoch. Er trug einen schweren Koffer; offenbar wollte er verreisen.

„Herr Schüchte?"

Der Mann blickte auf. „Kenn' wir uns?"

„Jetzt ja", antwortete Hartmann knapp. Schüchtes misstrauischer Blick flog von ihm zu mir und wieder zurück.

„Wie kommt 'n Backpfeifenjesicht wie du an so 'ne Trulla?", fragte er dreist. „Wenn du mir den Trick verrätst, kann ick vielleicht ooch bei ihr landen." Er grinste schmierig und kniepte mir zu.

„Kriminalpolizei, Herr Schüchte. Wir hätten da ein paar Fragen an Sie." Das Grinsen erstarb.

„Polente." Schüchte pfiff leise durch die Zähne. „Und die Trulla? Ham Se die zur Zierde dabei?"

„Ich bin Kriminalassistentin Menzel", klärte ich ihn auf und schluckte meinen Zorn hinunter. „Kommen Sie ins Haus, wir müssen uns unterhalten."

„'N andermal jern, Zuckerschnütchen. Aber jetzt hab ick keene Zeit. In 'ner halben Stunde jeht mein Zuch."

„Wir können das Gespräch auch im Präsidium fortsetzen."

„Inne Rote Burg? Nee danke. Also jut, kommen Se." Er stieg die Treppe wieder hinab und sperrte die Tür auf. Wir betraten einen winzigen, dunklen Raum, der nur spärlich möbliert war, sofern eine Matratze auf dem Boden und eine umgedrehte Gemüsekiste als Mobiliar durchgingen.

„'N Platz uff'm Plüschsofa kann ick Ihnen leider nich anbieten", entschuldigte er sich ironisch. „Also, wo juckt's denn?"

„Kennen Sie eine Ermine Runge?", fragte Hartmann.

„Nee. Wer soll dit sein?"

„Sie ist Hausmädchen im Geheimratsviertel", klärte ich ihn auf.

„Ach, det Ermchen! Jau, die kenn ick."

„Waren Sie gestern Abend mit ihr zusammen?

„Anfangs wohl, aber dann musst ick oofe Arbeit. Warum woll'n Se det wissen?"

„Wir denken, dass Sie im Haus ihrer Herrschaften wertvollen Schmuck entwendet haben."

„Wat soll ick?" Er lachte laut auf.

„Sie haben mich schon verstanden."

„Ah!" Schüchte tippte sich gegen die Stirn. „Nachtijall, ick hör dir trapsen! Se wolln mir wat inne Schuhe schiebn, wa? Aber da sin Se bei mich uffm falschen Dampfer. Ick hab keen Schmuck mitjehn lassen un och keen Tafelsilber oder 'n verjoldeten Nachttopf. Nüscht. Niente. Nichego. Ty nakonets ponya, Rogovoy byk?"

„O, dumayu, soydet!", antwortete Hartmann überraschend. Zum Glück verstand auch ich ein paar Brocken Russisch. ‚Das glaube ich aber schon', hatte er gesagt.

„Wenn die Schickse dit behauptet, dreh ick ihr den Hals rum." Schüchte griff nach seinem Koffer. „Aber erst hab ick wat zu erledijen. Wenn die Herrschaften mich jetz entschuldijen würden." Er wollte sich an Hartmann vorbeischieben, doch der stellte sich ihm in den Weg. „Sie gehen nirgendwo hin, mein Freund. Ich lasse Sie festnehmen wegen Diebstahl und Hausfriedensbruch."

Zwei Revierpolizisten nahmen Schüchte fest. Tatsächlich fanden sich in dem Koffer der Schmuck und eine silberne Haarbürste von Frau Hummel.

Der Schmuck von Frau Geheimrat

Später fragte ich Hartmann, warum er sich so sicher gewesen war, dass Ermines Verehrer den Diebstahl begangen hatte.

„Haben Sie noch nie von Schlüsselkavalieren gehört?", fragte er zurück. „Eine ganz moderne Art des Verbrechens, die leider immer mehr um sich greift. Arme Dienstmädchen werden so lange bezirzt, bis sie den Schlüssel zu den Häusern der Herrschaften rausrücken. Und dann wird sich bedient. Allerdings kann man fast Mitleid mit dieser Ermine bekommen. Sie haben sie ja gesehen: Fast dreißig und noch nicht unter der Haube. Da ist die Verzweiflung groß, denn wer will schon als alte Jungfer enden?"

Ich holte tief Luft. „Waren Sie schon einmal verheiratet, Herr Kommissar?"

„Ich? Nein." Die Frage schien ihn zu verwundern. „Ich habe auch nicht vor, in dieser Richtung tätig zu werden, falls das Ihre nächste Frage sein sollte. Diese Frau Regierungsrat war mir wieder einmal ein abschreckendes Beispiel. Leider bekommt sie nun doch ihren Schmuck wieder, was ich aufrichtig bedauere."

In diesem Punkt waren wir ganz einer Meinung.

KAPITEL 5

DIE UNTERMIETER

DIE UNTERMIETER

Berliner Witwenleben

„'Frühstück morjens um sieben, Abendessen um halb acht. Wer zu spät kommt, hat Pech jehabt.' So hat die Frau Rensing oft gesprochen, in diesem kaltschnäuzigen Tonfall der Berliner Zimmerwirtinnen – und dann hat sie schallend gelacht." Der junge Mann lächelte schwach und wischte sich eine Träne aus dem Augenwinkel. „Sie war so lustig und nett, unsere Paula. Ich begreife einfach nicht, wie jemand so etwas tun kann!" Er schluchzte auf und schlug die Hände vors Gesicht. Sein rechter Zeigefinger, der mit einer blutdurchtränkten Mullbinde verpflastert war, ragte dabei seltsam in die Höhe, als wollte er uns mahnen.

Der junge Mann hieß Paul Dux, war Lehrling in der Damenmäntel-Fabrik Joseph am Hackeschen Markt und wohnte zur Untermiete bei der Witwe

Paul Dux war Untermieter bei der Witwe Paula Rensing.

Paula Rensing, deren Haus nur wenige Schritte von seiner Arbeitsstätte entfernt lag. Vor etwa einer Stunde, gegen fünf Uhr, hatte er die Polizei alarmiert, nachdem er besagte Witwe tot in ihrem Bett aufgefunden hatte. Den herbeigeeilten Revierpolizisten erschien es geboten, uns umgehend hinzuzuziehen.

Sie hatten richtig gehandelt, denn Paula Rensing war zweifellos ermordet worden: Sie wies Würgemale am Hals auf und Einblutungen in den Augen, die durch massiven Druck auf die Halsschlagader verursacht worden sein mussten. Dazu hatte sie eine etwa drei Zentimeter lange Platzwunde an der Stirn, die stark geblutet haben musste. Andere Verletzungen waren vorerst nicht festzustellen. Die Tote trug Leibwäsche und einen kurzen weißen Unterrock, als sei sie gerade im Begriff gewesen, sich umzukleiden. Dazu war ihr Haar in frisch ondulierte Löckchen gelegt, als wollte sie sich für einen besonderen Anlass feinmachen. Doch das Unterkleid war zerrissen, ihre Frisur zerzaust. Offenbar hatte es einen Kampf gegeben: Die Frau musste noch versucht haben, sich gegen den Angreifer zur Wehr zu setzen.

Frau Weller, die Nachbarin von unten, klagte Herrn Dux gleich ihr Leid.

„Jeder hat sie gern gehabt", erzählte Paul Dux, in dessen Zimmer wir uns nach der Untersuchung der Toten eingefunden hatten. „Jedem hat sie geholfen, wo sie konnte." In seiner Stimme lag Verzweiflung. „Sie wollte nur keinen Ärger im Haus und nachts ihre Ruhe. Das ist doch nicht zu viel verlangt, oder?" Er hob den Kopf und sah mich hilfesuchend an.

„Nein, sicher nicht", pflichtete ich dem armen Kerl bei, denn ich hatte Mitleid mit ihm. Er schien die Rensing, die augenscheinlich das Gegenteil von dem gewesen war, was man sich unter einer alten, grantigen Witwe vorstellte, sehr gemocht zu haben.

„Dass so ein Schwein unter uns ist!", empörte er sich mit unvermittelter Heftigkeit und hieb mit der Linken auf die Tischplatte. „Ich bringe ihn um, diesen Mistkerl!"

„Nicht doch!", versuchte Hartmann ihn zu besänftigen. „Stürzen Sie sich nicht ins Unglück, junger Mann. Davon wird sie auch nicht wieder lebendig." Der Kommissar lehnte sich zurück und schwieg einen Moment. „Sie glauben also, dass der Mörder unter den Mietern zu suchen ist?", erkundigte er sich dann.

„Aber natürlich!" Für Dux schien das außer Frage zu stehen. „Wer könnte sonst so einfach ins Haus gelangen, dazu bis in ihre privaten Räumlichkeiten hinein?"

DIE UNTERMIETER

„Konnten ihre Untermieter das denn?"

„Was?"

„In ihre privaten Räumlichkeiten gelangen?"

Der junge Mann zögerte einen Augenblick. „Nein, natürlich nicht!", widersprach er dann barsch. „Jeder Untermieter besitzt einen Schlüssel für die Haustür und einen für sein jeweiliges Zimmer. Paula schließt gewöhnlich von innen ab, wenn sie sich in ihren Räumlichkeiten aufhält. Aber manchmal vergisst sie es eben." Er sprach wieder in der Gegenwartsform, als würde sie noch leben.

„Wie viele Mieter wohnen hier?", erkundigte ich mich.

Paul Dux hob seine bandagierte Hand. „Fünf, mich eingeschlossen."

„Dann kommen alle fünf als Täter infrage. Auch Sie, Herr Dux." Hartmann suchte seinen Blick. „Sie müssen verstehen, dass wir Sie aus methodischen Gründen nicht ausklammern dürfen."

„Ja, ja." Der junge Mann nickte schnell, ohne dass er dem Gesagten eine wirkliche Bedeutung beizumessen schien.

„Sie sagten vorhin, Sie fanden Frau Rensing gegen zehn nach fünf Uhr, als Sie von der Arbeit kamen. Ist das richtig?"

„Ja. Ich hatte mir den Finger an einer Schneidemaschine verletzt." Er hob die verpflasterte Hand. „Der Meister musste mich verarzten und schickte mich dann heim. Das heißt, eigentlich sollte ich zu einem Arzt gehen, um den Schnitt nähen zu lassen, aber das kostet Geld und … nun ja … ich habe gutes Heilfleisch."

„Wann haben sie normalerweise Feierabend?", erkundigte ich mich.

„So gegen halb sieben."

„Sie waren also früher als gewöhnlich daheim. Ist das richtig?"

DIE UNTERMIETER

Er nickte zustimmend. „Waren die anderen Mieter bereits im Haus?", fragte ich weiter.

„Ich … ich weiß es nicht genau. Gregor Rowinsky auf jeden Fall. Der spielte Trompete. Als ich kam, hat mich die Nachbarin von unten, Frau Weller, gleich abgefangen, um mir ihr Leid zu klagen. Sie kann es nicht ausstehen, wenn Rowinsky musiziert. Er ist Musiker, er muss üben, versuche ich ihr immer zu erklären, aber es ist zwecklos. Ihr gefällt sein Musikstil nicht. Neumodischer Krawall, sagt sie immer. Dabei finde ich, dass sie die läppische Stunde pro Tag nun wirklich aushalten könnte, ohne unentwegt mit dem Besenstiel gegen die Decke zu hämmern."

„Er musiziert eine Stunde pro Tag?"

„Ja, darauf hatte er sich mit Frau Rensing verständigt. Täglich von halb fünf bis halb sechs durfte er proben. Es hat sie auch nie gestört, obwohl ihre beiden Zimmer direkt an das von Rowinsky grenzen. Im Gegenteil, sie mochte moderne Musik. Sehr sogar."

„Und was war mit den anderen Mietern?", schaltete Hartmann sich ein.

„Otto Müller kam unmittelbar nach mir von der Arbeit. Er verschwand wie üblich gleich in seinem Zimmer, in der Nr. 3. Wir grüßten uns zwar kurz, aber Müller ist nicht sehr gesprächig, und gesellig ist er auch nicht. Ihm fiel wohl auch nicht auf, dass die Tür zu Frau Rensings Zimmern offen stand. Vielleicht hat er dem aber auch keine Bedeutung beigemessen."

„Und Sie? Was haben Sie getan?"

„Ich?" Der junge Dux wurde rot. „Ich … ich wollte Paula ohnehin um eine Salbe bitten, also bin ich zu ihr rüber. Auf mein Rufen erhielt ich aber keine Antwort. Also betrat ich ihr Wohnzimmer. Als sie wieder nicht antwortete, bin ich weiter ins Schlafzimmer, und da hab ich sie dann … da lag sie … auf dem Bett." Er schluckte hart und schaute zu Boden.

„Haben Sie sie berührt?", fragte ich leise.

DIE UNTERMIETER

„Nur ganz kurz. Ich habe meine Hand an ihre Wange gelegt. Sie war noch warm wie meine eigene. Dann bin ich schreiend rausgerannt. Ein schöner Feigling war ich!" Wieder schlug er die Hände vors Gesicht und wurde von heftigen Schluchzern geschüttelt.

„Fassen Sie sich!", mahnte Hartmann und schickte sich an, den Raum zu verlassen. Wenig später saßen wir an einem langen Tisch im Esszimmer der Witwe. Fünf Stühle. Ein Küchenbuffet. Ein Klavier. Hier hatten die Vermieterin und ihre Untermieter offenbar die gemeinsamen Mahlzeiten und wohl auch manch gesellige Stunde verbracht. Die geschmackvolle Möblierung verriet, dass Paula Rensing eindeutig nicht so verarmt gewesen war wie viele ihrer Schicksalsgenossinnen. Sinn und Zweck der Vermietungen bestand ja eindeutig darin, die Armut zu vermeiden. In Berlin gab es unzählige Kriegswitwenwohnungen, in denen Alleinstehenden Kost und Logis angeboten wurde, denn eine andere Möglichkeit des Geldverdienens gab es für diese Frauen nicht. Häufig blieb ihnen nur noch ein winziges Eckchen für sich selbst, aber sie mussten nicht hungern. So erging es ihnen weit besser als all jenen, die nichts verkaufen oder vermieten konnten.

DIE UNTERMIETER

„Dieser Paul Dux scheint mir die Sache ganz gut beobachtet zu haben", riss Hartmann mich aus meinen Gedanken. „Keine Spuren gewaltsamen Eindringens, keine offensichtlichen Plünderungen. Dazu lassen die Abdrücke am Hals darauf schließen, dass die arme Frau mit bloßen Händen erwürgt wurde. Dies geschieht gewöhnlich im Affekt. Es sieht mir also ganz nach einer Beziehungstat aus. Einer der Mieter wird wohl die Nerven verloren haben."

„Es könnte aber auch eine Person von außen gewesen sein", zog ich in Betracht. „Sie könnte den Täter nichts ahnend hereingelassen haben. Vielleicht hatte sie ihn sogar eingeladen – einen Schlüsselkavalier womöglich, wie im Falle der Frau Regierungsrat."

„Gänzlich auszuschließen wäre es nicht." Hartmann rieb sich nachdenklich das Kinn. „Eine attraktive Witwe, jung an Jahren. Einsam womöglich. Dazu kinderlos." Ich nickte zustimmend und freute mich heimlich, dass er meinen Gedankengang fortspann. Die Freude währte allerdings nicht lang, denn unmittelbar darauf folgten die Einwände. „Aber bedenken Sie, Fräulein Menzel! Eine schöne Frau und dazu noch beliebt. Und das Haus voll alleinstehender Männer – da brauchte sie sich wohl nicht noch einen von draußen zu holen. Der Ärger war programmiert." Vermutlich lag der Kommissar richtig, wie ich zugeben musste. „Schauen Sie zunächst immer auf gerader Strecke zurück", empfahl er mir. „Auf dem direkten Weg entdecken Sie meist bereits die relevanten Unstimmigkeiten. Falls nicht, können Sie immer noch hinter die Ecken schauen. Vom Wahrscheinlichen zum Unwahrscheinlicheren, so arbeiten wir uns vor. Konzentrieren wir uns also zunächst auf die Bewohner und prüfen, wen wir ausklammern können. Bitte notieren Sie die Namen und protokollieren Sie, wer wann wo war."

DIE UNTERMIETER

Hartmann wandte sich zu dem Schutzbeamten um, der nahe der Eingangstür stand. „Und Sie erkundigen sich bei der Nachbarin, dieser Frau Weiler oder Weller, ob sie etwas mitbekommen hat."

„Ist schon erledigt, Herr Kommissar", gab der Kollege unerwartet zurück. „Die Weller hat angeblich nur diesen Gregor Rowinsky gehört, beziehungsweise dessen musikalische Darbietung. Sein Trompetenspiel hätte sie an den Rand des Nervenzusammenbruchs gebracht. Ihre Beschwerde bei der Rensing sei aber mal wieder erfolglos gewesen."

Hartmann horchte auf. „Die Weller hat noch mit der Rensing gesprochen?"

„Ja. Kurz nachdem dieser Rowinsky aus Zimmer Nr. 5 zu spielen angefangen hat."

„Und wann hat er aufgehört?"

„Als Dux anfing zu schreien, sagt die Weller. Der hat wohl selbst die Trompete übertönt."

Hartmann nickte nachdenklich. „Die Trompete zu blasen und dabei jemanden zu erwürgen dürfte schwierig sein. Den Musiker können wir also ausschließen."

„Vermutlich auch diesen schweigsamen Herrn Müller aus Zimmer 3, der erst von der Arbeit kam, nachdem Paul Dux schon eingetroffen war", ergänzte ich.

„Mit Paul Dux wären das schon einmal drei", schloss Hartmann.

„Sie meinen, weil ihn der Tod der Rensing so belastet?"

„Nein", widersprach er. „Es gibt auch Mörder, die nach ihrer Tat am Boden zerstört sind. Der Grund ist ein anderer."

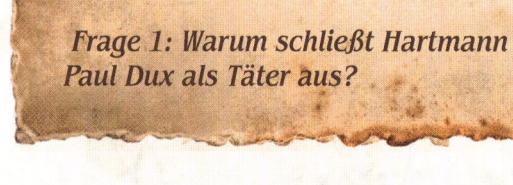

Frage 1: Warum schließt Hartmann Paul Dux als Täter aus?

DIE UNTERMIETER

Der Trompeter

„Theoretisch könnte Dux die Rensing zwar ermordet und dann so getan haben, als hätte er ihre Leiche entdeckt", räumte der Kommissar ein. „Praktisch können wir das aber auszuschließen. Er hatte eine tiefe Schnittwunde am Finger. Mit einer so schmerzhaften Verletzung würde man niemanden mit den eigenen Händen erwürgen, sondern zu anderen Mitteln greifen. Schauen wir uns also lieber die verbliebenen Mieter an." Er wandte sich an den Revierpolizisten. „Sind die Herren anwesend?"

„Ja. Ich habe sie angewiesen, auf ihren Zimmern zu bleiben und auf Sie zu warten, Herr Kommissar."

„Gut, sehr gut. Fangen wir also mit diesem hier an." Er deutete auf die Tür Nr. 4.

„Dort wohnt ein gewisser Rudi Ruschke", teilte uns der Wachtmeister mit. Hartmann klopfte, und sofort wurde geöffnet. Vor uns stand ein etwa dreißigjähriger Mann mit dunklem Haar und lebhaften Augen. Er bat uns herein, und wir betraten einen etwas stickigen, unordentlichen Raum, der gleichwohl ordentlich möbliert und recht sauber war.

„Sie sind Herr Ruschke?"

„Janz recht. Und ick kann nich gloobn, wat passiert is! Die arme Frau Rensing! So jung noch, und immer korrekt. Und 'ne schöne Frau war sie, ohne Wenn und Aber. Von der hat jeder jeträumt in sinne Koje, wett' ick."

„Und?", fragte Hartmann. „Hat sie einen ihrer verträumten Verehrer erhört?"

„Wat weeß icke!" Er zog die Schultern hoch. „So eng warn wir nu ooch nich, dass se mir det uffe Nase jebunden hätt'."

„Waren Sie schon einmal in Frau Rensings Schlafzimmer?"

„Icke? Nee. Leider nie." Ein anzügliches Grinsen huschte über sein Gesicht, doch er wurde sofort wieder ernst. „Bloß vorhin natürlich."

„Wieso haben Sie Paula Rensings Zimmer betreten?"

„Na, weil der kleene Dux doch rausjerannt kam un' jeschrien hat wie am Spieß. Da bin ick rin und hab nachjesehn."

Frau Rensing mit einem Verehrer

„Und da war sie schon tot?"

„Ja, mausetot. Furchtbar, det janze. Einfach furchtbar."

„Wo waren Sie gegen fünf Uhr Nachmittag, Herr Ruschke?"

„Ick war hier. Bin um halb drei vonne Frühschicht jekomm'. Hab mich zwe Stündchen aufs Ohr jelegt und dann noch so vor mich hin jedöst."

„Haben Sie irgendetwas Verdächtiges gehört?"

„Det würd ick schon behaupten wollen, so im Nachhinein. Jejen fünf Uhr hörte ich Stimmen aus Frau Rensings Zimmer hinten. Det klang wie'n Streit. Sie rief so wat wie: ‚Lassen Sie mich!' Ick war schon uffjesprungen und wollt' einschreiten, aber dann war's plötzlich ruhig. Wenn ick jeahnt hätte, dass da grad einer seine schmutzijen Pranken um ihren zarten Hals …" Er stieß angewidert die Luft aus. „Wenn ick Sie wär, würd ick mal bei dem Fridolin aus der Nr. 2. nachhorchen", fügte er mit eigentümlicher Betonung hinzu und schaute dem Kommissar in die Augen.

„Was wollen Sie uns damit sagen, Herr Ruschke?"

„Ick will mich ja nich zu weit aus'm Fenster hängen. Aber könnt' schon sein, dat Se da fündich wer'n." Wieder dieser intensive Blick.

Welcher Untermieter hat kein Alibi?

„Fündig? Wir werden das überprüfen, Herr Ruschke."

„Tun Se Ihre Pflicht, Herr Kommissar. So 'ne Schweinerei muss bestraft werden." Ruschke steckte sich eine Zigarette an und blies den Rauch in Richtung Decke. Wir verließen sein Zimmer, und ich hatte mich schon der Tür mit der Nr. 2 zugewandt, als Hartmann mir Einhalt gebot.

„Warten Sie, Fräulein Menzel. Wir werden uns nun doch zuerst mit dem Trompeter beschäftigen."

„Mit dem Musiker? Aber Sie sagten doch eben …" Ich sprach den Satz nicht zu Ende, denn plötzlich wusste ich, was Hartmann bezweckte.

Frage 2: Warum suchen Hartmann und Menzel nun doch zunächst den Trompeter auf?

Genius loci

Der Mann, der sich uns als Gregor Rowinsky vorstellte, war kreidebleich, und seine Hände zitterten. Wir kamen sofort zur Sache und fragten nach seinem Trompetenspiel. Wie vermutet, stimmte Rowinskys Aussage mit der von Paul Dux und der Nachbarin überein. Zu seiner großen Verwunderung bat Hartmann ihn, mit dem Üben fortzufahren, und zwar mit genau jenen Stücken, die er zur Tatzeit geprobt hatte. Nach einigem Zögern willigte der Musiker ein, entschuldigte sich aber vorab dafür, dass sein Spiel nicht so virtuos wie gewohnt sein würde, da ihn die ganze Angelegenheit doch sehr aus dem Konzept bringe. Hartmann winkte ab und meinte, Hauptsache, er spiele so laut wie immer, was Rowinsky noch mehr zu verunsichern schien. Doch schließlich griff er schicksalsergeben zu seinem Instrument. Wir verließen den Raum und klopften erneut an Ruschkes Zimmertür.

DIE UNTERMIETER

„Wat kann ick noch für Sie tun?", erkundigte er sich mit unterschwelliger Aggression.

„Nichts weiter", entgegnete Hartmann und schob sich an ihm vorbei. „Wir horchen nur eine Weile."

„Sie horchen. Na, wenn det Polizeiarbeit is. Mir soll's recht sein!" Ruschke griff nach seinen Zigaretten und zündete sich noch eine an. Die Luft im Raum war zum Schneiden.

„Manchmal klären sich die Dinge fast von allein", behauptete Hartmann bedeutungsvoll und blieb mitten im Raum stehen. „Der Genius loci führt uns zur Wahrheit." Die letzten Worte musste er lauter sprechen, denn Rowinskys Trompetenspiel gewann an Fahrt.

„Was sagten Sie?" Ruschke legte die Hand ans Ohr. „Der Genius loci!", wiederholte Hartmann etwas lauter und wandte sich scheinbar interessiert der Aussicht aus dem Fenster zu, obwohl diese nur aus einer hässlichen Brandmauer bestand.

„Loki? Meinen Sie den Lokus? Den Jang runter, die Tür uffe rechte Seite."

„Sie haben das Trompetenspiel nicht erwähnt", tönte der Kommissar laut.

Ruschke stutzte. „Kann schon sein!", gab er zu. „Aber det hör ick schon jar nich mehr. Oder verjess et gleich wieder." Auch er hatte jetzt Mühe, sich verständlich zu machen.

„Sie lügen, Herr Ruschke! Und zwar in mehreren Punkten!"

Frage 3:
Welche Lügen meint Hartmann?

Lauter Lügen

Der Kommissar wandte sich zu mir um und gab mir ein Zeichen. Wie abgesprochen, verließ ich das Zimmer, eilte den Gang hinunter und betrat noch einmal das Schlafzimmer der Witwe. Der Kollege von der Spurensicherung, Keller mit Namen, war bereits vor uns eingetroffen und ging noch immer gewissenhaft seiner Arbeit nach.

„Nein! Nicht doch!", rief ich, dann, noch lauter: „Nun lassen Sie mich in Ruhe!" Keller hielt inne und warf mir einen eigentümlichen Blick zu. „Keine Sorge", beruhigte ich ihn. „Ist nur eine Hörprobe."

„Was soll man hier hören, bei dem Getröte?" Der Kollege schüttelte den Kopf und widmete sich wieder seiner Arbeit, während ich zu Hartmann zurückeilte. Auch der Kommissar hatte nicht das Geringste gehört – bis auf Rowinskys Trompetenspiel natürlich. Ich gab dem Musiker Bescheid, dass er sein Spiel einstellen könne, worauf er dankbar abbrach. Dann lief ich wieselflink in Ruschkes Zimmer zurück, um als Erste meine Erkenntnisse vortragen zu können.

Witwe Rensing in höchster Not

„Herr Ruschke, es ist offensichtlich, dass Sie gelogen haben, um von Ihrer eigenen Tat abzulenken", behauptete ich kühn. „Sie gingen sogar noch einen Schritt weiter und wälzten die Schuld auf eine andere Person ab. Dabei waren Sie es, der die Zimmerwirtin erwürgt hat, und zwar gegen fünf Uhr, kurz nachdem Herr Rowinsky sein Trompetenspiel aufgenommen hatte und bevor Paul Dux nach Hause kam."

„Dir is det Jetröte wohl aufs Hirn jeschlagen!", empörte sich Ruschke, augenblicklich den guten Ton vergessend. „Die Paula war scharf uff mich, det hat se heut' endlich zujejeben, un deshalb hat se dem Fridolin sein' ollen Verlobungsring unter die Tür durchjepfeffert. Un' da isser hin und hat sie erwürgt!"

DIE UNTERMIETER

„Blödsinn, Herr Ruschke! Das wissen Sie selbst!"

„Schau'n Se doch nach!", giftete er. Ich wechselte einen Blick mit Hartmann, und dieser wies den Schutzpolizisten an, in Fridolins Zimmer nach dem Ring zu suchen. Wir warteten in höchst angespanntem Schweigen, doch schon bald kehrte der Wachtmeister zurück und hob uns triumphierend den Ring entgegen.

„Hat unterm Bett gelegen", berichtete er. „Es steht genau gegenüber der Tür."

„Seh'n Se! Wie ick jesacht hab!" Ruschke rieb sich zufrieden die Hände.

„Und dieser Fridolin?" Hartmann schien alles andere als erfreut.

„Liegt auf dem Bett und heult Rotz und Wasser", berichtete der Revierpolizist. „Sagt, er hätte sich just heute nachmittag mit Paula Rensing verlobt und ihr auch den Ring geschenkt. Er selbst hat auch einen, er hat ihn mir gezeigt. Sie wollten später zusammen ausgehen, um die Verlobung zu feiern. Vorher wollte sie sich noch besonders schön machen, und deshalb hat er sie alleingelassen und ist Zigaretten holen gegangen, sagt er. Als er zurückkam, war sie tot. Und er hat angeblich auch keinen blassen Schimmer, wie ihr Ring unter sein Bett gekommen ist."

DIE UNTERMIETER

„Aber ich", erklärte Hartmann bestimmt und wirkte plötzlich wieder sehr viel zuversichtlicher. „Nachdem Sie, Herr Ruschke, Paula Rensing aus Eifersucht erwürgt haben, weil sie Ihnen von ihrer Verlobung mit Fridolin erzählt hatte, haben Sie ihr den Ring vom Finger gestreift und ihn durch den Türschlitz in dessen Zimmer geschoben."

„Alles Humbug!" Ruschke sprang auf und wollte zur Tür hinaus, doch der Revierpolizist fing ihn ab. Mit vereinten Kräften gelang es uns, ihn in Handschellen zu legen. Wir waren sicher, den Täter überführt zu haben.

Tatsächlich war der Mord zweifelsfrei Rudi Ruschke anzulasten. Die Witwe hatte sich just am Nachmittag mit ihrem Mieter Fridolin verlobt und gedachte ihn bald zu heiraten. Paul Dux, der ebenfalls in Liebe zu ihr entbrannt war, hatte so etwas bereits geahnt und litt seit geraumer Zeit unter melanchonischem Liebeskummer, hatte aber dennoch jede Gelegenheit gesucht, ihr nahe zu sein. Ruschke hingegen hatte Paula Rensings Vorhaben in rasende Eifersucht versetzt. Nachdem Paulas frisch verlobter Fridolin gegangen war, hatte Ruschke sich unter einem Vorwand Zutritt zu ihr verschafft. Paula hatte ihm daraufhin von der Verlobung berichtet, vermutlich, um den aufdringlichen Verehrer endgültig abzuwimmeln.

Fridolin trauert um seine Verlobte.

Doch Ruschke reagierte so impertinent, dass sie ihm die sofortige Kündigung ausgesprach, worauf er sie in rasender Wut erwürgt hatte.

Die Geschichte ging mir noch lange nach. Mich erfasste eine stille Trauer über dieses verschwendete Leben, über all das nutzlose menschliche Leid. Kommissar Hartmann blieb meine trübselige Stimmung nicht verborgen.

„Fräulein Menzel", sprach er mich an. „Wir klären auf und sorgen dafür, dass die Schuldigen zur Rechenschaft gezogen werden. Ohne Zweifel eine schwere Aufgabe, die unseren ganzen Einsatz erfordert. Aber wenn sie getan ist, dann ist sie getan. Punkt. Ende. Aus. Die Gemütsdinge überlassen wir anderen, sie fallen nicht in unseren Zuständigkeitsbereich. Wenn Sie das nicht begreifen, können Sie diese Arbeit nicht machen. Dann kann ich Sie nicht brauchen. Haben wir uns verstanden?" Ich schluckte den Kloß im Hals hinunter und nickte. „Sehr schön", erklärte er zufrieden. „Denn wenn ich ehrlich bin, täte es mir leid, Sie gehen zu lassen, Fräulein Menzel."

Jetzt hatte ich auch noch mit den Tränen zu kämpfen.

KAPITEL 6

RIGOR MORTIS

RIGOR MORTIS

In den Markthallen

Man sagt, die Berliner Central-Markthallen seien größer als Les Halles in Paris, weit größer auch als die Markthallen von London. Ich kann das nicht beurteilen, weil ich nie in Paris oder London gewesen bin, aber eines weiß ich: Die Berliner Hallen sind gigantisch, und sie haben ihr Eigenleben; sie sind wie eine Stadt in der Stadt, ur-berlinerisch und zugleich ganz anders. Ein Kosmos mit eigenen Farben, Geräuschen, Gerüchen, mit seinem eigenen Rhythmus von Nacht und Tag. Es gibt eigene Eiskeller, einen eigenen Eisenbahnanschluss zur Warenanlieferung und eine eigene Marktpolizei. Zugleich gibt es alles, was die Welt zu bieten hat:

Knieperkohl aus Brandenburg und Krabben aus Friesland, Apfelsinen aus Spanien und Aal aus dem Rhein, Berliner Brot und westfälisches Bier, indische Gewürze und irische Butter, Teltower Rübchen und Tee aus Ceylon. Allabendlich jedoch verschwinden die Waren wie von Geisterhand, der Trubel versiegt. Ein entzaubertes Schlaraffenland, dessen Stille etwas Gespenstisches, Angsteinflößendes hat.

In diese Stille hinein schritten wir an jenem Frühsommermorgen, geführt von zwei Schutzpolizisten, die uns benachrichtigt hatten. Unsere Schritte erzeugten einen überlauten Hall, der uns wie Eindringlinge erscheinen ließ. Und in gewisser Weise waren wir das auch.

„Der Nachtwächter hat sie entdeckt", erklärte der jüngere der beiden Polizisten gerade. „Hat einen ordentlichen Schrecken bekommen, der alte Knabe." Wir passierten die Fischhalle und näherten uns dem Ausgang zur Bahnstation, an dem die Fischhändler ihre Waren abholten. Schon von Weitem sahen wir den grellen Lichtstrahl einer Stablampe, der irgendwo dort draußen hin und her wanderte. Wir verließen die Halle und traten ins Freie. Hier türmte sich der Unrat: zerbrochene Spankisten, zerdrückte Kartons und Papierfetzen, Apfelsinenschalen und Kohlstrünke, dazu stinkende Schmutzwasserlachen und beißender Uringeruch. Inmitten all der Unwirtlichkeit erwartete uns eine bizarre Szenerie: Auf dem nackten Boden kauerte eine schmale Gestalt über einer weiteren, die halb ausgestreckt und in seltsamer Pose unter ihr lag. Die Hockende – unzweifelhaft eine Frau –, hielt ein Messer in Händen und starrte unter sich. Nicht einmal das grelle Licht der Stableuchte, das sie blenden musste, schien sie zu irritieren. Auch auf Hartmanns Ansprache reagierte sie nicht. Ein Versuch meinerseits blieb ebenfalls unbeantwortet.

„So hockte sie schon da, als ick sie jefunden hab", ließ sich der Wachmann vernehmen, der einige Schritte entfernt gestanden hatte und nun vortrat. „Ick kam von drinnen und hörte seltsame Geräusche. Deshalb hab ick die Tür uffjemacht – und da hockte sie mit dem Messer über ihm und hat ihn umjebracht."

„Sie waren Zeuge der Tat?"

„Sie hatte dat Messer inne Hand, und er war tot", erwiderte er gereizt.

„Wann war das?", erkundigte sich Hartmann.

„So jegen drei, also etwa vor 'ne halbe Stunde. Ick hab gleich die Polizei gerufen und sie hergeführt."

„Und Sie haben nicht versucht, die Frau festzuhalten?"

„Die Irre? Ick bin doch nich lebensmüde! Sollt ick mich von der ooch noch abstechen lassen? Ick guck bloß, dass sich hier über Nacht keen Jesinde einnistet. Zu wat anderem bin ick nich berufen. Außerdem isse ja noch da."

„Schon gut." Hartmann winkte ab und drehte sich zu den Schutzpolizisten um. „Nehmt sie mit ins Revier. Aber passt auf, dass sie euch nicht auch noch verletzt." Die Männer traten auf die junge Frau zu, entwanden ihr geschickt die Waffe und zogen sie auf die Beine. „Können Sie uns etwas über das Opfer sagen?", wandte der Kommissar sich erneut an den Wachmann.

„Ein Fischhändler. Marcksen hieß er. War'n juter Mann."

„Und sie? Die Frau?"

„Kenn ick nich. Das heißt, vielleicht is et die, die ihm manchmal zur Hand ging, aber die sah nich aus wie diese Furie." Er deutete mit dem Kinn in die Richtung, in die die Polizisten mit der jungen Frau verschwunden waren.

 RIGOR MORTIS

„War sonst noch jemand hier?"

„Nee, ick hab keenen jesehn."

„Was könnten die beiden hier gewollt haben?"

„Keene Ahnung. Vielleicht wollte er Ware abholen. Manchmal kommt welche besonders früh. Vielleicht hat sie ihm uffjelauert."

Ich hatte aufmerksam zugehört, doch mir erschien das alles nicht sonderlich einleuchtend. Eine bessere Theorie hatte ich allerdings auch nicht.

„Leuchten Sie mal!", befahl Hartmann dem Wachmann und ging in die Knie, um den Toten genauer ins Visier zu nehmen.

„Kommen Sie, Fräulein Menzel. Sie wollen doch etwas lernen." Ich umrundete die Blutlache, die sich am Boden gebildet hatte, trat näher und bückte mich. „Eine Stichwunde nahe des Herzens." Der Kommissar deutete auf die Stelle. „Dazu zwei weitere in Höhe von Milz und Leber. Vermutliche Todesursache also: massive Stichverletzungen. Dadurch bedingt Verletzung lebenswichtiger Organe und massiver Blutverlust." Er griff nach dem Arm des Toten, versuchte das Handgelenk zu beugen, unternahm denselben Versuch mit dem rechten Bein. „Die Totenstarre ist nahezu vollständig eingetreten", stellte er fest und richtete sich mit leisem Stöhnen auf. „Diese feuchte Kälte bringt mich auch noch um", murmelte er, presste seine Hände ins Kreuz und schaute den Wachmann an. „Ich bin kein Gerichtsmediziner, und es werden noch einige genauere Untersuchungen erfolgen müssen, aber eins kann ich mit Sicherheit sagen: Sie irren sich." Er wandte sich an mich: „Fahren wir in die Rote Burg und knöpfen uns die Dame noch einmal vor. Vielleicht findet sie dort ihre Sprache wieder."

Frage 1: Warum irrt sich der Wachmann nach Meinung des Kommissars?

Morgenstund hat Gold im Mund

„Darf ich um Ihre geschätzte Meinung bitten?", fragte mich Hartmann, während wir das Präsidium ansteuerten. Dies war seine übliche Art, mich zu testen. Doch dieses Mal brauchte ich nicht lange nachzudenken.

„Die Totenstarre in dieser Ausprägung ist gewöhnlich erst nach ungefähr sechs Stunden zu erwarten", antwortete ich. „Ein früherer Zeitpunkt ist unwahrscheinlich, zumal nicht bei diesen nächtlichen Temperaturen. Was wiederum bedeutet, dass der Mann zu einem anderen Zeitpunkt gestorben sein muss, als der Wachmann annahm – nämlich wesentlich früher. Also eher gestern Abend als in der Nacht." Hartmann schien meiner Meinung zu sein, denn er widersprach mir nicht. „Allerdings ticken die Uhren im Großmarkt anders als im Rest der Stadt", fuhr ich fort. „Hier herrscht um acht Uhr abends tiefe Nacht und um halb drei folgt das muntere Erwachen.

Sprich: Der Händler muss zu einer Zeit gestorben sein, in der es hier recht einsam war."

Recht einsam war es auch in der Roten Burg, obwohl dort natürlich zu jeder Tag- und Nachtzeit Betrieb herrschte. Aber es war niemand da zum Kaffeekochen, weshalb mir diese Aufgabe zufiel. „Und bringen Sie eine Tasse für unsere Tatverdächtige mit, die hatte auch eine lange Nacht!", rief Hartmann mir nach. „Aber zuerst soll sie jemand in den Waschraum begleiten, nach der erkennungsdienstlichen Behandlung natürlich. Diesen Gestank nach Fisch und Blut kann ich so früh am Morgen nicht ertragen!"

Eine halbe Stunde später erwarteten wir die junge Frau im Verhörraum. Als Schulte sie hereinbrachte, war sie fast nicht wiederzuerkennen: Statt der blutverkrusteten Fetzen trug sie jetzt einen sauberen Kittel, den ihr offenbar jemand vom Kantinenpersonal besorgt hatte; das vormals wirre, strähnige Haar hing nun glatt und feucht glänzend den Rücken hinab. Sie sah übernächtigt aus und hatte tiefe Schatten unter den Augen, doch sie war ohne Zweifel hübsch. Und sie konnte kaum älter als zwanzig Jahre sein.

Der Kommissar schob ihr den Kaffee hin. „Können Sie uns sagen, wer Sie sind und was passiert ist?" Sie antwortete nicht. „Wir können Ihnen nicht helfen, wenn Sie nicht mit uns sprechen." Wieder geschah nichts. Er rührte in seiner Tasse und trank. Nach seiner zweiten Tasse schwieg die junge Frau immer noch, zappelte nur auf ihrem Stuhl herum, verbarg ihr Gesicht in den Händen, schaute zur Decke, rieb sich die Arme, als erfordere ihr Schweigen eine unerhörte Kraftanstrengung. Ein paar Mal öffnete sie den Mund, setzte zu sprechen an, sagte dann aber doch nichts. Es war nervenaufreibend, und am liebsten hätte ich sie geschüttelt. Allmählich machte sich der Schlafmangel bei mir bemerkbar, und der Kaffee putschte mich nur auf, anstatt wach zu machen.

Die junge Frau schweigt eisern.

„Sie sind ein harter Brocken", sagte Hartmann zu der jungen Frau und lehnte sich in seinem Stuhl zurück. Plötzlich hielt ich es nicht mehr aus.

„Sie wollen sicher noch einen Schluck." Ich schnappte mir seine Tasse und wartete die Antwort gar nicht erst ab. Einmal tief Luft holen, zur Besinnung kommen, nachdenken. Nach ein paar Minuten schlüpfte ich leise zurück in den Verhörraum – und hinter mir fiel die Tür krachend ins Schloss. Hartmann fuhr erschrocken zusammen.

„Also bitte, Fräulein Menzel! Geht das etwas gesitteter?" Auch ihm waren die Spuren der nahezu schlaflos verbrachten Nacht deutlich anzusehen: Seine Augen waren blutunterlaufen, und zwei scharfe Falten hatten sich in seine Mundwinkel gegraben.

„'Tschuldigung", murmelte ich und legte dem Mädchen sanft die Hand auf die Schulter. Mit einem leisen Schreckenslaut fuhr sie zusammen. In diesem Moment klopfte es, und Wachtmeister Schulte trat ein.

„Wir wissen jetzt definitiv, wer das Opfer ist", teilte er mit. „Karl Marcksen, Fischhändler, 42 Jahre alt, gebürtig im Wedding. Hat seit Jahren den Fischstand in der Central-Halle."

Der Wachmann hatte also recht gehabt.

„Es hat keinen Zweck mehr. Wir sollten die Vernehmung beenden", sagte ich zu Hartmann.

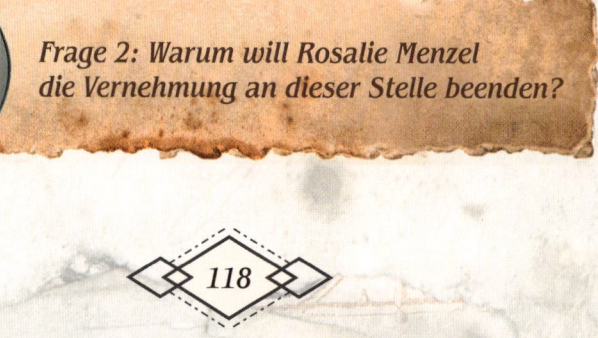

Frage 2: Warum will Rosalie Menzel die Vernehmung an dieser Stelle beenden?

Das Opfer ist Karl Marcksen, der Fischhändler.

Fisch und Diamanten

„Also gut, Pause!", befahl er und ließ die Tatverdächtige abführen. „Was fällt Ihnen ein, dieses Verhör für beendet zu erklären?", fragte er ungehalten, als wir wieder allein waren.

„Es ist zwecklos, weiter auf sie einzureden, weil sie uns nicht hören kann", rechtfertigte ich mich.

„Sie glauben, sie ist taubstumm?" Hartmann schien ehrlich überrascht.

„Ganz recht. Als ich die Tür zuschlug, was ich durchaus mit Absicht tat, wie ich anmerken darf, als die Tür also laut ins Schloss fiel, da erschraken Sie, Herr Hartmann, wie es jeder getan hätte. Aber diese junge Frau zuckte nicht mit der Wimper. Sie fuhr erst zusammen, als ich in ihrem Rücken stand und sie berührte."

Käthe Bremer hinter Gittern

Markfrau Friedhelmine Weise hat es faustdick hinter den Ohren.

„Das würde natürlich erklären, warum sie sich verhält wie ein stummer Fisch." Hartmann blies die Backen auf und atmete hörbar aus. „Was die Sache natürlich nicht einfacher macht." Dem war nicht zu widersprechen. Wir verließen den Vernehmungsraum und kehrten in Hartmanns Büro zurück. Kaum angekommen, steckte Schulte den Kopf durch die Tür.

„Wir haben eine Zeugin ausfindig gemacht, eine Marktfrau aus den Central-Hallen."

Hartmanns Miene hellte sich auf.
„Wo ist sie?"
„Sitzt unten."
„Sehr gut. Lassen Sie die Frau einen Blick auf unsere Tatverdächtige werfen, und dann bringen Sie sie her."
„Sehr wohl, Herr Kommissar."
„Aber keine Unterhaltungen zwischen den beiden, klar?" Ich schaute Hartmann verwundert an. „Es soll auch schon Blinde gegeben haben,

die plötzlich wieder sehen konnten", erklärte er beinahe entschuldigend. Unsere Zeugin war eine gewisse Friedhelmine Weise, und sie war der Inbegriff einer Marktfrau. Stattlich, selbstbewusst, vorlaut – eine wie sie nahm kein Blatt vor den Mund. Hartmann bot ihr einen Stuhl an.

„Was können Sie uns berichten, Frau Weise?"

„Det ick keen Jeld verdien, solang Sie mir hier festhalten, det kann ick Sie berichten. Un' det ick 'n nixnützijen Kerl daheem hab und n' Haufen hungrije Mäuler zu stopfen."

„Wir werden Sie nicht länger als nötig aufhalten, Frau Weise!

„Ick hab dem Wachtmeister da draußen doch schon allet jesacht", lamentierte sie unverdrossen weiter. „Det is der Kalle auf dem Bild, dat er mir jezeicht hat. Karl Marcksen, der Fischhändler. Hab ihn jestern zuletzt jesehn, da war er noch putzmunter. Un' der soll uff eemal tot sein?"

Hartmann ging nicht näher auf sie ein. „Die junge Frau, die man Ihnen eben gezeigt hat: Kennen Sie die auch?", fragte er stattdessen.

„Det is die Käthe", antwortete Friedhelmine Weise. „N' armes Ding … Kann nix hören, un' sagen tut sie ooch keen' Piep."

„Käthe. Und weiter?"

„Käthe Bremer. „Aber wat is denn mit der? Warum halten Sie die hier fest?"

„Wir gehen davon aus, dass sie den Fischhändler ermordet hat."

„Die Käthe? Den Kalle ermordet? So'n Blödsinn! Det hat die nie und nimmer jetan!" Die Weise schüttelte entrüstet den Kopf. „Der Kalle hat ihr Arbeit jejeben und war immer jut zu ihr. Um die hat sich sonst keener jekümmert, nich mal die Eltern. Kalle war'n juter Mann, det können Sie glauben. Meine Meinung von die Mannsbilder is' nich die beste, so alljemein jesprochen, aber uff den lass ich nix komm'."

„Hatte er Feinde?"

„Feinde!" Sie gab ein verächtliches Schnauben von sich. „Wie sich det anhört! Als wär'n wir wieder im Kriech! Nee, Feinde hatte der nich.

‚Funkel-Fritze' mit seiner Hehlerware

Un schon gar nicht die Käthe. Ehe Sie die weiter verdächtijen, fragen Sie mal lieber Funkel-Fritze. Fritz Koller, wohnhaft inne Brilljantenbörse." Sie lachte laut über ihren eigenen Witz. Die sogenannte Brillantenbörse war die Wirtschaft Zum großen Seidel, wie wir wussten. Die Kneipe befand sich in einem der Stadtbahnbögen und war als Umschlagplatz für Hehlerwaren bekannt, insbesondere für Schmuck.

„Wie kommen Sie auf diesen Mann?", hakte Hartmann nach.

„Tja, wie komm' ick uff den?" Die Weise hob eine Augenbraue und lächelte gewitzt. „Sollt' ick mir vielleicht ooch bei die Polente bewerben, oder?" Sie kniepte Hartmann kess zu, wurde dann aber wieder ernst. „Der Koller wollt' det arme Ding für seine schmutzijen Jeschäfte missbrauchen", erzählte sie. „Hat so'n paar Pferdchen am Laufen, Sie versteh'n schon. Und bei denen wollt er die Käthe mit einspann'. Aber da war der Kalle davor und hat ihm jesacht, er soll sich zum Teufel scher'n. Der Koller wollt aber keene Ruh jeben un is immer wieder jekomm'. Un det is nu wirklich allet, wat ick sagen kann. Wenn Sie mich jetz noch länger festhalten, hat meen dämlicher Jehilfe, der och noch mein Sohn is, der hat mich dann ruiniert. Da kommt er janz uff sein'n Vadder."

„So weit wollen wir es nicht kommen lassen", versprach Hartmann und stand auf. „Sie können vorerst gehen, Frau Weise. Aber halten Sie sich für weitere Fragen bereit."

Hartmann zeigt Menzel den reißerischen Artikel.

„Für Sie halt ick mir jederzeit bereit, Herr Kommissar!", antwortete sie kokett. „Komm' Sie mir doch mal besuchen inne Halle. Bei mir jibet immer nur beste Ware!" Sie lachte schrill auf und erhob sich.

Beste Ware hatte auch besagter Fritz Koller im Angebot, wie sich schnell herausstellte. Hartmann, der bereits mehrfach mit ihm Bekanntschaft gemacht hatte, brauchte nicht nicht lange nach ihm suchen zu lassen. Noch am selben Nachmittag wurde er in der Diamantenbörse aufgegriffen. Und zeitgleich warteten die Gazetten bereits mit der Schlagzeile ‚Mord in den Central-Markthallen' auf. Der Kommissar schob mir den Artikel hin und ich las:

‚Während in der Mark die ersten Hähne krähten und sich schlaftrunken auf den neuen Tag einstimmten, wurde in unserer niemals schlafenden Hauptstadt ein Fischhändler Opfer eines wahnhaften Blutrauschs …'

„Wahnhafter Blutrausch." Ich schüttelte den Kopf. „Warum behaupten sie nicht gleich ‚Vampirismus'?" Ich sah zu Hartmann hinüber, der sich bereits wieder in seine Akte vertieft hatte.

„Vampirismus?", wiederholte er, mit seinen Gedanken offenbar woanders. „Begnügen wir uns vorerst mit Hehlerei, Zuhälterei und Körperverletzung, Fräulein Menzel. Gehen Sie, und lassen Sie diesen Fritz Koller in den Verhörraum bringen."

„Sie sind ein schwerer Junge, Koller." Hartmann gab sich scheinbar beeindruckt. Wir hatten wieder unsere angestammten Plätze eingenommen, auf denen wir bereits am Morgen gesessen hatten. Im Unterschied zu heute Morgen war der Angesprochene allerdings der Sprache mächtig.

„Haben Sie mich herschleifen lassen, um mir das mitzuteilen, Herr Kommissar?" Er kniff die Augen zusammen.

Hartmann überging die Frage. „Kennen Sie einen Fischhändler namens Karl Marcksen?"

„Ah!", machte Koller. „Der Blutrausch-Mord! Hab eben davon gelesen. Da haben Sie ja keine Zeit verstreichen lassen. Aber um es hier mal gleich klarzustellen: Den lass ich mir nicht anhängen."

„Ich habe Ihnen eine Frage gestellt, Herr Koller." Hartmann blieb ruhig.

„Ja, den kannte ich flüchtig", gab Koller zu. „Was aber noch lange nicht heißt, dass ich ihn auf dem Gewissen habe."

„Davon hat niemand gesprochen. Sie sind hier als möglicher Zeuge. Uns wurde mitgeteilt, dass Sie das Opfer gekannt haben. Wie auch eine gewisse Käthe Bremer, die für ihn arbeitete. Ist dem so?"

„Das Mädel hab ich wohl auch ein paar Mal gesehen. Hat ja ausgeholfen beim Marcksen. Aber gesprochen hab ich nie mit ihr. Was ja auch nicht möglich gewesen wär! War ja stumm wie'n Fisch." Koller grinste flüchtig.

„In welcher Beziehung standen Sie zu Marcksen, Herr Koller?"

„Beziehung? Das klingt jetzt so dicke. Wir sind uns manchmal über den Weg gelaufen, mehr nicht."

„Es heißt, Sie hätten Streit mit ihm gehabt."

„Blödsinn! Wieso sollte ich Streit mit einem Fischhändler anfangen?"

RIGOR MORTIS

„Das sollen Sie uns erklären, Herr Koller."

„Da gibt's nichts zu erklären, weil es gar nicht stimmt. Und ich kann ihn auch nicht umgebracht haben, weil ich in der betreffenden Zeit noch im Seidel war. Geschäftlich."

„Geschäftlich, soso. Und was waren das für Geschäfte?"

„Dieses und jenes. Man muss flexibel sein. Aber Sie können den Sepp Grunwald fragen, der kann Ihnen meine Aussage bestätigen."

„Sepp Grunwald", wiederholte Hartmann gedehnt. „Auch ein alter Bekannter."

„Was wollen Sie damit sagen?"

„Dass ich auf Ihr Alibi nicht allzu viel gebe, wenn Sie mir nur Grunwald präsentieren können."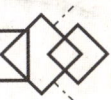

„Ts, ts, ts!", machte Koller und schüttelte den Kopf. „Das nenn ich voreingenommen, Herr Kommissar."

Hartmann schien nachzudenken. „Sie waren also mit Grunwald in der Kneipe", lenkte er schließlich ein. „Bis wann?"

„Bis der Seidel dicht machte. So gegen ein Uhr", antwortete Koller. „Bin eben ein Nachtmensch, Herr Kommissar."

Schweigen machte sich breit. Hartmann legte die Hände vors Gesicht und strich sich mit den Fingerkuppen über die Augenbrauen. Ohne Zweifel hing auch ihm die Müdigkeit in den Knochen. Er ließ wohl eine halbe Minute verstreichen, dann nahm er seine Hände fort und fixierte Koller streng.

„Hören Sie auf, uns Märchen aufzutischen und geben zu, dass Sie Marcksen erstochen haben", forderte er mit Nachdruck.

Frage 3: Wieso ist Kommissar Hartmann sich sicher, dass Koller der Täter war?

Von der Kruke zur Palme

„Ich soll Marcksen umgebracht haben?" Koller lachte auf, konnte seine zunehmende Nervosität jedoch nicht überspielen. „Sie können mir viel erzählen, Herr Kommissar!" Er warf sich in seinem Stuhl zurück, verschränkte die Arme vor der Brust und sah Hartmann herausfordernd an.

„Also gut, Koller, dann erzähle ich Ihnen was!", erwiderte Hartmann gereizt. „Sie gingen gestern Abend zu Marcksen in die Central-Halle beziehungsweise eigentlich zu Käthe, die Sie für Ihre Zwecke einspannen wollten. Es kam zum Streit mit dem Fischhändler, der sich schützend vor das Mädchen stellte und Sie aufforderte, es in Ruhe zu lassen. Das hat Sie so in Rage gebracht, dass Sie den beiden später auflauerten, als diese die Halle verließen. Sie wussten, dass sie wie üblich die Letzten sein würden, fingen sie dort draußen ab und erstachen Marcksen. Käthe musste die Tat mitansehen, was Sie, Koller, aber nicht weiter ängstigte, da Sie von ihr keine Aussage zu befürchten hatten. Im Gegenteil:

RIGOR MORTIS

Die junge Frau würde so eingeschüchtert sein, dass Sie fortan frei über sie verfügen könnten, so Ihr Hintergedanke. In dieser Gewissheit ließen Sie Käthe mit dem sterbenden Fischhändler zurück. In wortwörtlich stummer Verzweiflung harrte sie über Nacht neben ihrem toten Beschützer aus und erweckte so zunächst selbst den Verdacht, die Mörderin zu sein."

„Ammenmärchen!" polterte Koller.

„Keineswegs."

„Sie können mir nichts beweisen!"

Hartmann beugte sich vor. „Zumindest kann ich beweisen, dass Sie gewusst haben, wann sich die Tat in Wahrheit ereignet hat", entgegnete er. „Nämlich bereits gestern Abend und nicht, wie in der Zeitung zu lesen war, in den frühen Morgenstunden. Sie haben sich verraten, als Sie behaupteten, zum betreffenden Zeitpunkt im Seidel gewesen zu sein, denn danach hatte Sie niemand gefragt, wie auch nicht nach einem Alibi für die betreffende Zeit. Ich lasse Sie vorläufig festnehmen, Herr Koller. Ihnen wird zur Last gelegt, den Fischhändler Karl Marcksen heimtückisch erstochen zu haben!"

Wieder einmal sollte Hartmann recht behalten. Fritz Koller wurde des Mordes überführt und sieht nun seiner gerechten Strafe entgegen. Was wohl aus Käthe geworden sein mochte?

Ob sie sich in den Strom derer eingereiht hatte, die tagsüber in der Kruke, der städtischen Wärmehalle, herumhingen, um abends in trauriger Kolonne in Richtung Palme zu ziehen, dem städtischen Obdachlosenheim.

Manchmal, wenn ich zu abendlicher Stunde in Richtung Prenzlauer Berg unterwegs war, ertappte ich mich dabei, wie ich verstohlen nach ihr Ausschau hielt. Und stets war ich froh, sie nie in dem traurigen Tross gesehen zu haben.

KAPITEL 7

BEI NACHT UND NEBEL

BEI NACHT UND NEBEL

Ein Mysterium

Selbst im wilden Berlin geschieht nicht jeden Tag ein Mord, zumindest nicht in unserem Zuständigkeitsbereich. Gelegentlich widmen wir uns daher auch anderen Verbrechen, vornehmlich dem Rauschgifthandel: Kokain, Haschisch, Morphium, um nur die gängigsten zu nennen.

Als Umschlagplatz größeren Stils hatten wir neuerdings das Nachtlokal Blauer Strumpf in der Linienstraße im Visier. Der Blaue Strumpf stand im Begriff, den Kaschemmen am Wittenbergplatz, der als Zentrum des Kokainhandels galt, den Rang abzulaufen.

Leider waren uns die ‚Alextippler' wieder einmal einen Schritt voraus gewesen. ‚Alextippler' nannten sich die Spitzel, die die Rote Burg observierten und ihresgleichen sofort warnten, wenn sich hier Verdächtiges tat. Sie hatten dafür gesorgt, dass in letzter Zeit zwei Razzien ohne nennenswerte Ergebnisse verlaufen waren. Auch eine dritte, in aller Heimlichkeit organisierte Durchsuchung hatte keinen größeren Erfolg erzielt, und noch immer hatten wir nicht in Erfahrung bringen können, wie die Drogen in das Lokal gelangten.

„Da fühlt sich jemand ziemlich sicher", grummelte Hartmann, der es hasste, wenn seine Pläne nicht aufgingen.

„Vielleicht ist es eine Person, die keinen Verdacht erregt, weil sie das Lokal aus einem unverfänglichen Grund aufsucht", gab ich zu bedenken. „Der Bierkutscher zum Beispiel, der einmal pro Woche die Fässer tauscht, oder der Metzger, der Buletten und kalten Braten liefert."

*Im Nachtlokal Blauer Strumpf
geht es hoch her.*

*Der Vigilant im Dienste
der Polente*

„Just in diese Richtung hatte ich auch bereits gedacht", erklärte der Kommissar. Leider entpuppte sich der Metzger als falsche Fährte, ebenso wie der Spirituosenhändler und der Bierkutscher samt Gehilfen. Schließlich ließen wir einen unserer Vigilanten kommen – von der Polizei bezahlte Spitzel, die sich unerkannt in der Szene bewegen konnten. Leider genossen diese Personen keinen allzu guten Leumund und waren nur bedingt vertrauenswürdig, was auch für Erwin Ziens galt, den Hartmann widerwillig in die Problematik einweihte. Wie erwartet versprach Ziens das Problem zu lösen und kam einige Tage später tatsächlich mit einer höchst überraschenden Mitteilung wieder.

„Jejen zwölfe in der Nacht fährt rejelmäßig ein Leichenwagen vor", wusste er zu berichten. „Der Bestatter kommt rein und verschwindet in Richtung Küche. Dann kommt er wieder raus, kippt ein Bier und is' wieder weg."

„Ein Leichenwagen?" Hartmann runzelte ungläubig die Stirn. „Was hat der vor dem Blauen Strumpf verloren?"

„Jenau det hab ick mich ooch jefracht, Herr Kommissar!", erklärte Erwin Ziens eilfertig. „Schnapsleichen holt er jedenfalls keene." Er lachte über seinen Witz.

„Name?"

„Weeß ick nich. Aber die Kutsche kommt vom Bestattungshaus Meyer, Ecke Linienstraße / Kleine Rosenthaler Straße."

„Du nimmst uns doch nicht auf den Arm, Ziens?"

„Wo denken Se hin, Herr Kommissar! Da jeb ick Sie mein Ehrenwort drauf."

Auf Erwins Wort war nicht viel zu geben, dennoch beschlossen wir, der Sache nachzugehen. Hartmann beauftragte mich, Erkundigungen über das Bestattungshaus Meyer einzuholen, was sich als nicht sonderlich schwierig erwies. Das Beerdigungsunternehmen holte dreimal wöchentlich – montags, mittwochs und freitags – die Verstorbenen aus der Charité ab. Um Patienten, Besucher und Passanten nicht in Angst und Schrecken zu versetzen, geschah dies gewöhnlich am späten Abend beziehungsweise in der Nacht. Im Schutz der Dunkelheit wurden die Dahingeschiedenen in das Haus in der Kleinen Rosenthaler Straße verbracht, und meist fanden sie später auf dem unmittelbar angrenzenden Alten Garnisonsfriedhof ihre letzte Ruhe.

Eine so zentral gelegene Grabstätte war in Berlin eine Seltenheit geworden, denn die Stadt schickte sich seit Jahren an, die Friedhöfe auf innerstädtischem Gebiet zu schließen.

Die Überführung vom Krankenhaus zum Bestattungsinstitut erfolgte in einer Leichenkutsche, gelenkt von einem gewissen Dietrich Brenner, wie ich in Erfahrung bringen konnte. Selbstverständlich handhabe ich meine Nachforschungen so diskret, dass weder das Bestattungshaus noch dieser Brenner davon Kenntnis bekamen, geschweige denn den Grund meines Interesses erfuhren.

An einem ungemütlichen Novembertag, an dem es einen Temperatursturz gegeben hatte – dem Donnerstag nach Allerheiligen –, waren Hartmann und ich zu später Stunde noch wegen eines anderen Falles im Büro, als unvermutet das Telefon klingelte. Am Apparat war Erwin, unser Vigilant.

„Die Kutsche is eben vorjefahren", teilte er mit. „Steht drei Schritte weiter, in Richtung … na, sie is jedenfalls nicht zu überseh'n, falls Se herkommen wollen."

„Und ob wir wollen!", verkündete Hartmann entschlossen, allerdings erst, nachdem ich aufgelegt hatte. „Der lichtscheue Vogel hat einen Fehler gemacht, und jetzt werfen wir unser Fangnetz aus!"

Frage 1:
Welchen Fehler meint Hartmann?

Der scheue Vogel

„Vier Leute machen sich sofort bereit zum Einsatz in der Linienstraße!", wies er die Kollegen von der Nachtschicht an. „Und Sie –" er deutete auf mich – „holen den Wagen."

Der Weg war nicht weit, dazu gab ich ordentlich Gas. Trotzdem kamen wir keine Sekunde zu früh, denn kaum hatte ich den Motor abgestellt, trat ein Mann im Kutschermantel aus dem Blauen Strumpf und steuerte auf die Leichenkutsche zu, die ein paar Meter entfernt stand. Erwin Ziens hatte also nicht zu viel versprochen.

Hartmann gab das Zeichen zum Zugriff, und die mit uns eingetroffenen Wachbeamten stürmten vor.

„Halt, Polizei!" Die gebündelten Strahlen ihrer Stableuchten schnitten sich durch den trübgelben Schein der Straßenlaternen. Erschrocken hielt der Kutscher inne und hob langsam die Hände.

Ein eher ungewöhnliches Transportmittel

„Brenner? Sind Sie Dietrich Brenner?"

„Zu Diensten, meine Herren."

Hartmann trat vor. „Was tun Sie hier, mitten in der Nacht?"

„Darf man etwa kein Bier mehr trinken?" Der Kutscher schien seine Fassung schnell wiedergefunden zu haben.

„Sie sind mit einer Leichenkutsche unterwegs, Mann!"

„Die selijen Verstorbenen ha'm doch Zeit – und jejen 'n bisschen frische Nachtluft sicher nix einzuwenden." Brenner grinste frech.

„Von wegen frische Luft! Sie missbrauchen diesen Wagen für ungesetzliche Zwecke!" Der Kommissar deutete auf die unbeleuchtete Kutsche. Das Licht der Stablampen brach sich an der großflächigen Verglasung, sodass nicht zu erkennen war, was sich in ihrem Innern befand. „Aufmachen!"

Brenner kniff die Augen zusammen.

BEI NACHT UND NEBEL

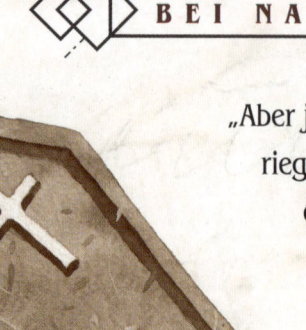

„Aber jerne doch!" Mit geübten Bewegungen entriegelte er die Flügeltür und öffnete sie weit, ließ ein Feuerzeug aufschnappen und zündete im Innern eine Lampe an. Augenblicklich wurden zwei aus rohem Holz gefertigte Särge sichtbar.

„Bitte sehr!" Der Leichenkutscher vollführte eine übertriebene Geste und grinste hinterhältig.

„Wir wollen sehen, was drin ist!" Brenner kletterte in den Wagen. Auch der Kommissar stieg hinzu, und ich quetschte mich ungefragt neben ihn. Als sich der Deckel des linken Sarges hob, überlief mich eine Gänsehaut, und ich hielt heimlich die Luft an. Was wir erblickten, war so schaurig wie vorhersehbar: Im Sarg lag ein alter Mann mit wächsernem, eingefallenem Gesicht. Auf seinen Lidern balancierten noch die Münzen, die man ihm im Hospital aufgelegt hatte, damit er sich nicht mit starrem, weit aufgerissenem Blick in die Ewigkeit verabschieden würde. Beim zweiten Sarg schauderte es mich noch mehr: Darin lag eine junge Frau, die wohl die Tuberkulose dahingerafft hatte. Schon vor ihrem Ableben musste sie von Tod gezeichnet gewesen sein: denn die papierdünne Haut war so straff gespannt, dass fast jedes Detail des Schädels sichtbar hervortrat; ihr Körper war knochig und schien wie der eines Vogels. Hartmann streckte die Hand aus und schob behutsam das lange, viel zu große Nachthemd zur Seite: von Drogenpäckchen keine Spur. Peinlich berührt und zugleich enttäuscht entstiegen wir der Kutsche.

„Aber heute ist Donnerstag!" Hartmann klang beinahe trotzig, als läge hier ein Verstoß gegen die Weltordnung vor. „Der Termin in der Charité wäre gestern gewesen, am Mittwoch! Oder eben morgen, am Freitag."

Vom Tellerwaschen allein kann niemand leben.

„Jestern war Allerheilijen, da lässt man die Toten ruhen", belehrte ihn Brenner schadenfroh. „Und ick hab' ooh jeruht", fügte er mit süffisantem Grinsen hinzu.

„Gerade haben Sie offensichtlich nicht geruht!", fuhr Hartmann ihn an. „Ich weiß nicht, was Ihr Auftraggeber dazu sagen würde, wenn er erfährt, dass Sie während der Arbeit die erstbeste Kneipe ansteuern!"

„Wollen Se mir anschwärzen?"

„Aber mit Vergnügen!"

Brenner winkte ab. „Hat keen Zweck, is alles mit'm Chef abjestimmt", behauptete er. „Ick jeh nur rin und sag der Küchenhilfe Bescheid, dass Arbeit wartet."

„Der Küchenhilfe?"

„Jawoll. Vom Tellerwaschen kann keener leben, oder? Die Frau hilft mir, unsere Kunden herzurichten. 'Ne schöne Leich', Sie verstehen?" Wieder dieses überhebliche Grinsen.

„Wenn hier alles so gut eingespielt ist, wieso muss der Frau dann erst gesagt werden, dass Arbeit wartet?", ließ Hartmann nicht locker.

„Weil's nicht immer was zu tun gibt." Brenner blieb gelassen.

„Aber gestorben wird in der Charité doch sicher immer", wandte ich ein.

BEI NACHT UND NEBEL

„Dit schon, aber die Leute kommen nich immer aus unserem Bezirk, oder sie woll'n anderswo beerdigt werden. Ick bin ooch nich der einzije Leichenkutscher inne Stadt, wie Sie sich denken können. Dit jibt schon mal Jerangel, Sie verstehen? Wenn Sie mich jetzt entschuldijen würden, es wartet noch Arbeit auf mich."

„Welch eine Blamage!", zürnte Hartmann, während wir den schaukelnden Rücklichtern der Kutsche nachsahen. „Aber dieser Brenner kommt mir nicht so leicht davon! An dem ist was faul, das riech ich noch zehn Meter gegen den Wind!"

„Nur weil er gegen die Pietät verstößt, muss er nicht unbedingt in den Drogenhandel involviert sein", wagte ich einzuwenden, doch Hartmann hörte kaum hin.

„Dem Vigilanten drehe ich den Hals um!", drohte er. Und fast hätte er seine Drohung wahr gemacht.

„Was haben Sie uns da für einen Blödsinn erzählt?", fuhr er am nächsten Morgen Erwin Ziens an, den er in die Rote Burg bestellt hatte.

„Ich versteh' nicht, Herr Kommissar!" Ziens riss ängstlich die Augen auf. „Dieser Kerl hat die Finger im Rauschjiftjeschäft, det hab ick aus zuverlässijer Quelle. Aber jetzt, wo wir uns so drüber austauschen …" Er lüftete seine Schiebermütze und kratzte sich ausgiebig am Kopf. „Also jrad eben fällt mir ein, det der Kutscher schon mal 'ne Frau dabeihatte."

„Eine Frau?"

„Ja. Ick hab sie aber nur ein-, zweimal jesehn. Die kam rein un' is jleich nach hinten verschwunden …"

„Wohin?"

„Na durch die Tür zum Hinterzimmer. Da entspannen sich die Leute bei jewissen Vergnüjungen. Sind nicht ganz lejal, Sie verstehen?"

Ich beugte mich vor. „Bei Prostituierten, meinen Sie?"

„Nee. Nutten jibt's da keene. Da sin' überhaupt keene Weiber zujelassen."

„Kommen Sie zum Punkt, Ziens!", forderte Hartmann ungeduldig. „Was passiert denn nun dort?"

„Glücksspiel, Herr Kommissar! Black Jack und Roulette und so'n Kram. Und die ein oder andere jeschäftliche Unterhaltung wird wohl ooch jeführt."

„Verstehe, aber warum erwähnen Sie die Frau erst jetzt, Ziens?"

„Weil ich doch nich an sie jedacht hab! Ick mein, Drojenhandel – det is doch nix für die Weiber!" Er schüttelte demonstrativ den Kopf.

„Wie sah sie denn aus, diese Frau?", erkundigte ich mich.

„Nu ja, ick hab sie nur von hinten jesehen, aber 'n Blickfang war sie nich'. Langes, rötliches Haar, unjepflegt. So'n weiten Herrenmantel trug sie, und klobige Schuhe. Wie eine aus'm Armenhaus. Und mehr weeß ick nich, Ehrenwort. Wenn ich jetzt meene Jroschen haben dürfte?" Er verbeugte sich unterwürfig und streckte die Hand aus.

„Für die Blamage, die du uns beschert hast, willst du Geld? Scher dich zum Teufel!", schimpfte Hartmann, gab ihm aber ein paar Münzen, und Ziens trollte sich.

Im Blauen Strumpf werden auch Geschäfte gemacht.

Eins stand für mich fest: So würden wir nicht weiterkommen. Also beschloss ich, dem Blauen Strumpf am Abend selbst einen Besuch abzustatten.

In meinem guten Kleid und mit aufgestecktem Haar stöckelte ich über die Linienstraße und die fünf Stufen ins Souterrain hinunter. Vor mir standen zwei Männer mittleren Alters in schicken Abendanzügen, und ich wartete, bis der tätowierte Hüne von Türsteher ihnen die ‚Nachtsteuer' abverlangt hatte. Mir kniepte er zu und winkte mich durch. Damen kamen offenbar umsonst rein.

In der Bar erwartete mich eine bonbonbunte Mischung an Gästen: Arbeiter und Tagelöhner, feine Damen, aufgebrezelte Kavaliere, dazu allerlei zwielichtige Gestalten. Ab und an verschwand eine von ihnen durch eine der beiden hinteren Türen – und zwar nicht durch die, die in die Küche führte.

Ich bestellte einen Absinth, den mir der Barmann stilecht mit karamellisiertem Zucker und Wasser servierte, wie es sich gehörte. Ein junger Kerl mit Schiebermütze und drolligem Gesicht schob sich neben mich.

„Na, schönet Frollein. So einsam heut' Nacht? Wie wär't, wenn Sie ein Kavalier nach Hause geleiten würde?"

„Ick bin doch gerade erst jekommen", entgegnete ich und musste lachen.

„Umso besser!", freute sich mein Gegenüber. „Noch so'n grünes Gift für die Dame!" Er winkte dem Barmann und zeigte auf mein Glas. „Und für mich noch'n Bier, Hansi!"

„Viel los hier", stellte ich mit einem angedeuteten Schwenk durch den Raum fest.

„Dann schlag hier erst mal am Wochenende auf! Kann dich ausführ'n, wenn du det mal gesehen haben willst", bot mein Galan mir großmütig an.

„Seh ick ja schon", antwortete ich und ließ den Blick schweifen. Vom Bestatter und seiner ominösen Frau keine Spur. „Prost!" Ich hob meiner namenlosen Bekanntschaft mein Glas entgegen. Wir stießen an und tranken.

„Ich bin übrigens der Kurt", stellte sich mein Gegenüber vor und wischte sich den Bierschaum vom Mund.

„Darfst Lisbet zu mir sagen", gestattete ich ihm großzügig, und wir stießen erneut an.

„Was machst'n so bei Sonnenschein?" Kurt schaute mir interessiert ins Gesicht.

„Ick bin Telefonistin", behauptete ich, was ihn offenbar beeindruckte.

„Det Fräulein vom Amt!", rief er begeistert. „Mit welcher Nummer darf ich Sie verbinden?" Er grinste breit. In diesem Moment entdeckte ich Brenner, dem ein weiterer Kerl folgte. Der Andere trug einen Wintermantel und eine Wollmütze, die er tief in die Stirn gezogenen hatte. Sein schmales Gesicht war voller Sommersprossen, sodass es auf den ersten Blick schmutzig wirkte. Von einer Frau weit und breit keine Spur. Wahrscheinlich hatte ich den falschen Abend erwischt.

Ich musste mich auf dem Barhocker umdrehen, um den Männern hinterherblicken zu können. Tatsächlich verschwand Brenner jetzt in der Küche, trat aber kaum eine Minute später wieder in den Schankraum zurück. Auf dem Tresen wartete bereits ein Humpen Bier auf ihn. Er griff danach und kippte es in großen Zügen herunter. Wo war der andere Mann? Ich konnte ihn nirgendwo sehen. Dafür entdeckte ich jetzt unseren Vigilanten Erwin Ziens, der sich durchs Gedränge schob und wie zufällig an die Seite des Bestatters gesellte. Die beiden wechselten ein paar Worte, doch dann begann die Kapelle – Klavier und Geige – einen populären Walzer anzustimmen. Die Tanzfläche füllte sich, und sie entschwanden meinem Blickfeld.

„Ich tanze leider nicht gut." Kurt machte ein entschuldigendes Gesicht.

„Da bin ich aber froh", erwiderte ich lachend, und wir stießen wieder an. Als der Tanz vorbei war, stand Ziens an anderer Stelle. Der Bestatter schien inzwischen gegangen zu sein. Unmittelbar vor dem Ausgang erspähte ich gerade noch seinen Begleiter mit der Mütze. Ich schnappte meinen Mantel, ließ Kurt stehen und stürzte dem Mützenkerl hinterher nach draußen. Auf dem obersten Treppenabsatz angekommen, sah ich ihn auf den Kutschbock des Leichenwagens klettern, der ein Stück entfernt Halt gemacht hatte. Die eisenbeschlagenen Wagenräder knirschten über das Pflaster. Allmählich verhallte der träge Hufschlag und verlor sich in der nächtlichen Stille.

Nach einer kurzen Nacht brannte ich darauf, Hartmann von meinen nächtlichen Ermittlungserfolgen zu berichten. Doch seine Reaktion war ganz anders als erwartet.

„Fräulein Menzel, wovon bestreiten Sie eigentlich Ihr Auskommen?", fragte er, nachdem ich ihm alles erzählt hatte. Ich runzelte verwundert die Stirn. „Ist das eine ernst gemeinte Frage, Herr Kommissar?"

„Durchaus."

„Mein Auskommen?" Ich verstand noch immer nicht ganz. „Von meiner Arbeit, dachte ich. Keine reichen Eltern, kein Erbe, kein Ehemann." Ich lächelte, um mir die Kränkung nicht anmerken zu lassen.

„Nun, bei der Polizei verdient man nicht viel", gab er zu. „Und eine Frau kann nicht das verlangen, was die männlichen Kollegen bekommen."

„Kann sie nicht?"

„Also bitte, Fräulein Menzel! Kommen Sie mir jetzt nicht mit ihren neumodischen emanzipatorischen Ideen!"

„Sie gehen also davon aus, dass ich berechtigterweise nicht genug verdiene, um meinen Lebensunterhalt zu bestreiten?" Ich spürte meine Wut hochkochen, dazu machte sich die Übermüdung bemerkbar. „Was also raten Sie mir, wie ich die Lücke schließen soll?" Ich warf ihm einen herausfordernden Blick zu.

„Dazu kann ich Ihnen nichts raten", antwortete der Kommissar. „Ich kam nur darauf, weil Sie die Nacht anscheinend gern zum Tag machen. Und dabei ohne festen Begleiter unterwegs sind."

„Glauben Sie etwa, ich geselle mich nach Feierabend zu den halbseidenen Mädchen an die Straßenecke?", giftete ich ihn an.

„Das wäre keine Option", entgegnete Hartmann ernst. „Nicht wegen der Moral, die interessiert mich nicht. Aber die Abhängigkeitsverhältnisse, die Sie eingehen müssten – Freier, Zuhälter, Wirtsleute und so weiter. Sie wären verbrannt für die Arbeit hier."

„Das wäre natürlich unverzeihlich!", erwiderte ich in falschem Ton. „Zumal ich gerade das Rätsel um den Bestatter und die geheimnisvolle Frau gelöst habe."

Frage 2: Wie hat Rosalie Menzel das Rätsel um die geheimnisvolle Frau gelöst?

Eine Entführung?

Märchenstunde

„Ich kann Ihnen sagen, wer unser Drogenhändler ist", behauptete ich kühn und unterdrückte die aufkeimende Sorge, mich zu weit aus dem Fenster gelehnt zu haben. „Die Person, die wir suchen, ist nämlich keine Frau."

„Ach nein? Was ist sie dann?"

„Ganz einfach – ein Mann!", triumphierte ich. „Unser Vigilant hat diese Person nur ein- oder zweimal gesehen, und das auch nur von hinten. Er beschrieb lediglich ihr langes rotes Haar und die Männerkleidung. Seiner Aussage nach war es diese Person, die im Blauen Strumpf das Hinterzimmer aufsuchte. Der Zutritt ist aber nur Männern gestattet, wie uns Erwin

Ziens selbst berichtet hatte. Es wäre also höchst ungewöhnlich gewesen, wenn diese Frau völlig unbeachtet und ungestraft dort eingetreten wäre, so wie Ziens es beschrieb. Nun, es fiel nicht auf, weil diese Person in Wahrheit ein Mann mit langen, roten Haaren war. Rothaarige neigen zu Sommersprossen, und der Mann mit der Mütze, den ich gestern Nacht bei Brenner gesehen habe, hatte eine Menge davon. Die Mütze wiederum trug er wegen des Temperatursturzes." Ehe ich fortfahren konnte, flog die Tür auf, und Erwin Ziens stürmte ins Büro, schmutzig und außer Atem.

„Ein Mordanschlag!", schrie er aufgeregt. „Die ha'm versucht, mich umme Ecke zu bringen!"

„Hier wird nicht herumgeschrieen!", wies Hartmann ihn zurecht. „Setzen Sie sich, und dann erzählen Sie, aber ganz langsam."

Ziens hockte sich nervös auf die Stuhlkante. „Die müssen mich beobachtet haben – der Bestatter und diese Frau. Und dann ha'm se mich abjefangen."

„Wo abgefangen?"

„Vor meenem Haus – also vor dem Zimmer, was ick mit een paar Kumpels teile – et muss so jejen drei Uhr inne Nacht jewesen sein. Ick kam also jrade nach Hause, da versetzte mir einer plötzlich einen heftijen Schlag, und ick war sofort ohnmächtig. Sie fesselten mich an den Händen und verbanden mir die Augen, und dann ha'm se mich in diese fürchterliche Leichenkarre verfrachtet. Mein Jott, ick dacht' zuerst, ick wär schon jestorben! Der Schock war so jroß – ick habe noch immer ne Gänsehaut." Er krempelte seinen Ärmel hoch. „Hier, seh'n Se! Als ick wieder zu mir kam, lag ick am Ufer der Spree. Ick hörte die Wellen rauschen und konnt' den Moderschlamm riechen. Die Halunken wollten mir ertränken, det wurd mir jetzt klar! Aber ick hatte Glück im Unjlück, denn se wurden durch irjendwat jestört und nahmen die Beene in die Hand.

Erwin Ziens berichtet von seiner Entführung.

Dann verschwanden se im Jebüsch. Mit Müh und Not jelang es mir, die Fesseln zu lösen, und jetz bin ick hier. Sie müssen diesen Brenner festnehmen, auf der Stelle, sonst setzt er seinen Plan noch in die Tat um!"

„Aber warum sollte dieser Brenner Sie töten wollen?", wandte Hartmann ein.

„Na, wejen meene staatliche Unterstützung! Ick steh doch dicht anne Seite vonne Polente beim Kampf jejen dit Verbrechen!" Er schaute uns treuherzig an. „Wenn ick also um mein Jeld bitten dürfte? Ick hab ja nüscht mehr anzuziehn, dreckig, wie ick bin."

„Und alles für das Vaterland", bemerkte Hartmann spöttisch, dann schlug sein Tonfall um. „Scher dich zum Teufel, Ziens! Deine Geschichte ist erstunken und erlogen!"

Frage 3: Warum geht Hartmann davon aus, dass Erwin Zien Aussage nicht stimmt?

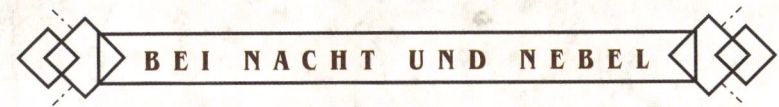

Ein unzuverlässiger Zeuge

„Dieser kleine Lump!" Der Kommissar schüttelte den Kopf.

„Er hätte sich wirklich eine bessere Geschichte ausdenken können", stimmte ich zu. „Gestern Abend im Blauen Strumpf ist er direkt zu diesem Brenner marschiert, und ich nehme mal an, dass er ihn zu erpressen versucht hat. Aber Brenner hat ihn wohl abgeschmettert und ihm womöglich noch ein Übel angedroht. Einen Mordversuch hat er aber sicher nicht begangen. Wenn er Ziens ohnmächtig geschlagen, ihn dazu gefesselt und ihm die Augen verbunden hätte, hätte der gar nicht wissen können, dass er mit einer Leichenkutsche zur Spree transportiert wurde. Zumal Brenner ja dann angeblich zu Fuß geflüchtet ist."

Ausnahmsweise waren Hartmann und ich einer Meinung. Bereits einen Tag später machten wir Brenners Kumpanen ausfindig – einen Gelegenheitsarbeiter, der früher tageweise im Bestattungshaus ausgeholfen, sich seit geraumer Zeit allerdings voll auf den Drogenhandel *en gros* verlegt hatte. Seine Ware kam von einem in der Charité beschäftigten Hausmeister und wurde dann mit Brenners Kutsche bei Nacht und Nebel an ihren Bestimmungsort gebracht. Unser Mann trug den Namen Antonius Hull – und er hatte langes, rötliches Haar.

So hatten Hartmann und ich wieder einen großen Fall gelöst, und jeder von uns hatte auf seine Weise recht behalten.

KAPITEL 8

EINS, ZWEI, DREI, TOT!

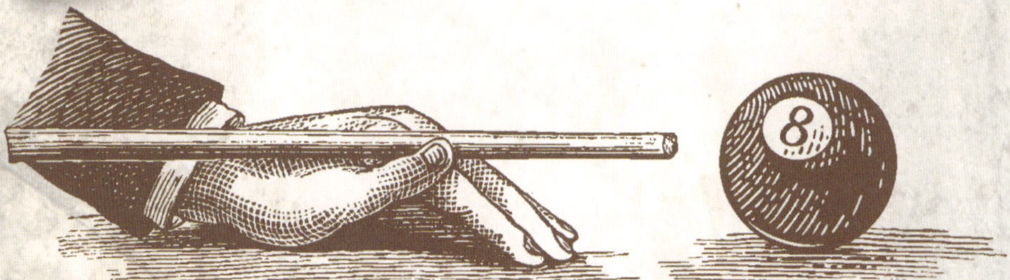

EINS, ZWEI, DREI, TOT!

Vorzeitiges Spielende

„Was tun Sie da?" Hartmann stellte sich dem Mann in den Weg, der soeben mit einem Eimer Wasser und einem Stapel Aufwischlappen bewehrt den Schankraum durchquerte.

„Wonach sieht's denn aus?", fragte dieser unwirsch zurück.

„Nach einer Dummheit", konterte Hartmann. „Das sind Spuren, die dürfen Sie nicht einfach beseitigen."

„Wenn Sie meinen."

„Sie sind der Wirt der Goldenen Gans, nehme ich an?"

„Richtig geraten."

„Nach Ratespielen ist mir bei Mord nicht zumute", erklärte Hartmann kurz angebunden. „Ihr Name?"

„Hugo Speer."

„Gut, Herr Speer. Was können Sie uns über das Geschehen sagen?"

„Nicht mehr als das, was ich den Wachtmeistern dort hinten schon erzählt habe." Speer deutete zu Goch und Wieler hinüber, zwei Revierpolizisten, mit denen wir bereits häufiger zusammengearbeitet hatten.

Der Wirt wollte nichts mit der Sache zu tun haben.

„Und das wäre?"

„Ich hörte Schüsse, kam angerannt, und da lag Vohwinkel auch schon in seinem Blut. Dann habe ich die Polizei gerufen. Ende der Geschichte."

„Ich bitte Sie, Herr Speer! Mit einem bisschen guten Willen lässt sich Ihrem Gedächtnis doch sicher auf die Sprünge helfen."

„Mit einem bisschen guten Willen stellen Ihre Leute hier nicht jeden zweiten Abend den Laden auf den Kopf", entgegnete der Wirt mit unverhohlenem Ärger.

Hartmann zuckte die Achseln.

„Darüber ließe sich reden. Hilfst du mir, helfe ich dir, wie es so schön heißt. Also, fangen wir mit der Uhrzeit an."

Speer brummte unwillig. „Um kurz nach fünf Uhr kam Hans, mein Kellner", erklärte Speer dann. „So gegen halb sechs sind wir runter in den Keller, um die Bierfässer auszutauschen. Und da passierte es."

„Was passierte?"

„Es fielen Schüsse, das sagte ich doch bereits."

EINS, ZWEI, DREI, TOT!

„Sie wussten sofort, dass es Schüsse waren?"

Der Wirt kniff die Augen zusammen. „Ich weiß, wie sich ein Schuss anhört. Ich war im Krieg. Sie etwa nicht, Herr Kommissar?"

Hartmann schwieg einen Augenblick. „Wo sind Sie damals gewesen?", ging er nur indirekt auf Speer ein.

„Verdun, Februar bis Dezember 1906. Von Anfang bis Ende." Hartmann nickte nur. „Wie viele Schüsse waren es, vorhin, meine ich?"

„Drei."

„Und was taten Sie?"

„Wie ich's gesagt habe: Ich rannte die Treppe hoch, zurück in den Schankraum."

„Wie lange brauchten Sie?"

„Was weiß ich! Zehn, zwölf Sekunden vielleicht."

„Sie waren so schnell vor Ort, haben aber keinen Schützen gesehen?"

„Nein, zum Kuckuck! Ich habe nur den am Boden liegenden Mann gesehen. Bin hin und wollte helfen, aber da war nichts zu machen, das sah ich gleich."

„Verstehe." Wieder nickte Hartmann. „Wenn Sie uns jetzt bitte begleiten würden." Er deutete mit einer knappen Handbewegung auf den rückwärtigen Teil des Raumes, worauf Speer seinen Blecheimer geräuschvoll auf den Steinfliesen absetzte. Gemeinsam durchquerten wir die Schankstube in Richtung Billardtisch. Neben den beiden Schutzpolizisten Goch und Wieler erwarteten uns dort drei mir unbekannte Männer, offenbar Gäste des Lokals. Unmittelbar neben dem Tisch lag das Opfer, ein Mann namens Frank Vohwinkel, wie wir von Goch erfuhren. Vohwinkel lag in einer großen Blutlache, deren zungenförmige Ausbuchtungen die Illusion hervorriefen, sie würde sich noch immer ausbreiten. Unwillkürlich trat ich einen Schritt zurück.

„Sie waren während der Tat anwesend?", wandte sich Hartmann an die drei Männer. Sie bejahten und stellten sich als Angerland, Fredes und Hinrichs vor. Alle drei waren ihren Worten nach gute Bekannte des Opfers gewesen und hätten gemeinsam mit diesem eine Partie Billard gespielt, als die Schüsse fielen.

Angerland, Fredes und Hinrichs beim Billardspiel

„Was genau ist geschehen?" Hartmann blickte Angerland an, einen großen, hageren Mann in jungen Jahren.

„Es ging alles so schnell", antwortete der und vergrub die Hände in seinen Hosentaschen. „Plötzlich stand dieser Kerl am Fenster und feuerte auf uns."

„Auf Sie alle?"

„Das dachten wir natürlich zuerst. Aber er hatte es wohl nur auf Frank abgesehen."

„Wie viele Schüsse wurden denn abgefeuert?"

Der Hagere dachte kurz nach. „Drei oder vier, würde ich sagen. Ich weiß es nicht mehr genau."

„Drei. Es waren drei Schüsse", schaltete Fredes sich ein. Er war im selben Alter wie Angerland, hatte aber ein jungenhaftes, glattes Gesicht.

„Was dann?" Hartmann blickte von einem zum andern.

„Ich bin sofort rübergerannt, um ihn vielleicht noch zu sehen, aber da war keiner mehr." Angerland deutete auf das Fenster, das in ungefähr sechs Metern Entfernung lag. Es war eines von insgesamt drei, die jeweils etwa vier Meter voneinander entfernt waren, wie ich kurz überschlug; alle waren zur Straße heraus gelegen.

„Und das Fenster stand offen?", erkundigte sich der Kommissar.

„Ja."

„Warum?"

„Nun, warum öffnet man ein Fenster? Wir standen mächtig unter Dampf, sozusagen. Zigarren und Zigaretten, dazu eine gewisse Hitzigkeit beim Spiel." Angerland lächelte schwach.

„Wer hat das Fenster geöffnet?"

„Eine gute Frage. War es Frank? Oder du, Willem?" Er schaute zu Fredes hinüber.

„Nein, es war Frank", antwortete der.

„Unmittelbar vor der Tat?"

„Weiß nicht mehr. Aber ich glaube, bevor Udo die Acht vorzeitig versenkt hat. Das wird wohl eine Viertelstunde vorher gewesen sein."

„Also gut." Hartmann rieb seine Hände. „Können Sie den Mann beschreiben?"

„Ende zwanzig, würde ich sagen, sportliche Figur. Schiebermütze. Was meint ihr?" Angerland sah die beiden anderen an.

EINS, ZWEI, DREI, TOT!

„Das mit der Schiebermütze stimmt", bestätigte Fredes. „Und sein Gesicht war recht blass, glaube ich. Keiner, der sich dem Tageslicht aussetzt."

„Ich kann dazu nichts sagen", meldete sich Hinrichs zu Wort. „Gleich beim ersten Schuss habe ich mich unter den Billardtisch geduckt."

„Eine weise Entscheidung", lobte der Kommissar.

„Könnten wir das Gespräch an anderer Stelle fortsetzen?", schlug Hinrichs vor. „Der Anblick macht mir doch zu schaffen."

„Das lässt sich machen", willigte Hartmann ein. „Wir müssen Sie alle ohnehin vorläufig bitten, uns allein zu lassen. Aber bleiben Sie in der Nähe. Herr Speer verfügt sicher über geeignete Räumlichkeiten." Speer brummte missmutig und gab den Männern ein Zeichen, ihm zu folgen. Nachdem sie gegangen waren, stülpten wir unsere Handschuhe über und begutachteten die Leiche. Aus der Nähe betrachtet, konnten wir drei Einschusslöcher ausmachen, alle im oberen Rücken und kaum eine Handbreit voneinander entfernt. Nahe der Eintrittswunden waren deutliche Rußspuren erkennbar, dazu punktförmige Verbrennungen im dunklen Wollstoff der Weste, die Vohwinkel trug.

Nachdem wir den Toten untersucht hatten, richtete ich mich auf und steuerte auf das offene Fenster zu. Es lag nur gut einen Meter über dem Trottoir – ein Leichtes also, von dort aus in den Raum zu zielen. Obwohl es ein sonniger Tag war, tauchten die dicht belaubten Kronen der Lindenbäume die Straße in tiefen Schatten. Gute Voraussetzungen, um sich unbemerkt zu nähern. Gegenüber der Goldenen Gans und halb von einem der Bäume verdeckt, befand sich ein Hutladen, rechts daneben die Pension Kranz. Ich beugte mich vor und schaute nach links: Weiter vorn lag der Eingang zum Lokal. An einem Baumstamm davor lehnte ein Fahrrad. Wiederum ein paar Schritte weiter ragte eine Brandmauer auf.

EINS, ZWEI, DREI, TOT!

Photographisches Atelier G. Rosenthal, Aufnahme von Photographien jeder Art, prangte in riesigen Lettern darauf.

Ich blickte nach rechts. Ein Hund streunte schwanzwedelnd übers Trottoir und hob an einem Hydranten das Bein. Eine Frau schob einen Kinderwagen. In ungefähr zwanzig Metern Entfernung verengte ein hoher Zaun die Straße. Auch hier wurde mal wieder gebaut, wie überall in Berlin. Passanten blieb nur eine schmale Lücke; Fahrzeuge würden auf andere Routen ausweichen müssen. Hartmann trat neben mich und spähte ebenfalls hinaus.

„Was halten Sie von dem Fall?", fragte ich ihn.

„Nun, er wird uns nicht weiter fordern."

„Nicht?"

„Keineswegs, Fräulein Menzel! Zu viele Ungereimtheiten. Aber wiederum nicht so viele, dass sie uns in heillose Verwirrung stürzen würden."

„Was genau meinen Sie, Herr Kommissar?"

„Nun, manche Leute denken, ein ungeklärter Kriminalfall ist wie ein Puzzlespiel. Der Meinung bin ich nicht. Dieses kopflose Herumprobieren erscheint mir nicht zielführend. Ich arbeite lieber nach dem Prinzip der Wäscheleine – ein Bild, das Ihnen ja sicher geläufig ist." Ich sah ihm prüfend ins Gesicht. Weder Mimik noch Ton verrieten auch nur die geringste Spur von Ironie. „Wir nehmen alle Hinweise und klammern sie an unsere imaginäre Leine – und zwar in der richtigen Reihenfolge", fuhr er ungerührt fort.

„Dann würde ich gern den Anfang machen", beeilte ich mich zu sagen, denn ich wollte nicht noch dümmer dastehen, als ich es in seinen Augen offenbar schon war. „Eine gravierende Unstimmigkeit liegt ja auf der Hand."

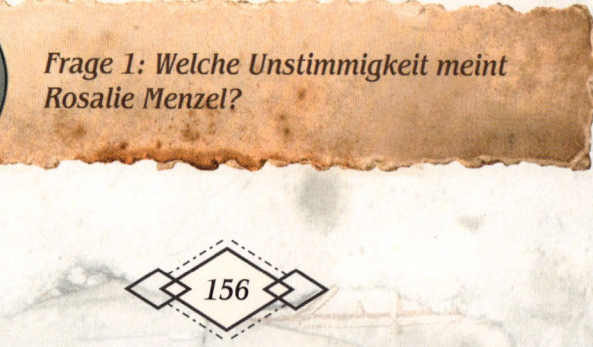

Frage 1: Welche Unstimmigkeit meint Rosalie Menzel?

Verdächtige Spuren

„Bitte, Fräulein Menzel!" Hartmann machte eine einladende Handbewegung. „Ich bin ganz Ohr."

„Wir haben nahe der Eintrittswunden deutliche Rußspuren gesehen", hob ich an. „Diese Spuren entstehen normalerweise bei einem geringen Abstand zwischen dem Täter beziehungsweise der Mündung seiner Waffe und dem Opfer. Aus diesen Rußspuren lassen sich ferner Schlüsse ziehen über den Winkel, in dem die Waffe gehalten wurde. Wir sehen hier eine geradezu kreisförmige Verteilung, was auf einen sehr flachen Winkel schließen lässt."

„Alles richtig, Frau Kriminalassistentin. Aber was bedeutet das nun konkret, Ihrer Meinung nach?"

„Es bedeutet, dass die Schüsse nicht aus größerer Entfernung abgegeben worden sein können. Oder anders gesagt: Der Abstand zwischen Fenster und Billardtisch ist zu groß. Wir sehen aber anhand der fehlenden Blutspuren, dass das Opfer dort getroffen wurde, wo es zu liegen kam, also sich nicht etwa zuerst nahe des Fensters aufhielt und sich dann noch ein Stück weiter schleppte.

Ich schließe daraus, dass aus sehr viel kürzerer Entfernung geschossen wurde. Demnach hätten unsere Billardspieler nicht die Wahrheit gesagt – und der Wirt womöglich auch nicht."

„Sehr gut", lobte Hartmann und schenkte mir ein aufmunterndes Lächeln, was mich zu einer mutigen Schlussfolgerung verleitete.

„Einer von ihnen ist also unser Mörder", behauptete ich kühn.

„Einspruch!", kam es prompt. „Eine Lüge macht noch keinen Mörder, Fräulein Menzel. Es könnte ja auch eine weitere Person gewesen sein. Reden wir also nochmals mit den Zeugen."

Wir fanden Angerland, Fredes und Hinrichs in einem kleinen, düsteren Raum, der offenbar für private Feiern genutzt wurde. Sie saßen am Kopfende eines langen Tisches beisammen, jeder ein Bier vor sich. Vom Wirt war nichts zu sehen.

„War noch jemand im Schankraum, als sich die Tat ereignete?", kam Hartmann ohne Umschweife zur Sache. Alle drei schüttelten die Köpfe.

„Es war ja noch früh am Abend", erklärte Fredes. „Vor sechs Uhr ist hier nichts los."

„Deshalb kamen wir ja immer so zeitig her", sprang Hinrichs ihm bei. „Um in Ruhe eine Kugel zu schieben, ohne störende Kommentare."

„Tja, nun hat doch einer gestört", bemerkte Hartmann kühl. „Ziemlich massiv sogar, würde ich sagen."

„Machen Sie sich über das Opfer lustig, Herr Kommissar?" Angerland musterte ihn argwöhnisch.

„Keineswegs!" Hartmann hob beschwichtigend die Hände. „Ich wollte lediglich sagen, dass der Täter einen äußerst günstigen Zeitpunkt gewählt hat – oder vielmehr einen höchst ungünstigen, wie man's nimmt."

„Wie meinen Sie das?", hakte Hinrichs nach.

„Nun, es war kein anderer Gast im Lokal, die Straße wegen der nahen Baustelle menschenleer, dazu war der Wirt gerade im Keller."

„Unglückliche Zufälle", folgerte Angerland und fügte dann nebulös hinzu: „Vielleicht aber auch genau das Gegenteil."

„Das klingt, als hätten Sie eine Idee dazu", befand Hartmann, worauf die Männer vielsagende Blicke tauschten. „Nun los, spucken Sie's aus!"

„Tja." Fredes räusperte sich. „Deswegen wollten wir ohnehin mit Ihnen sprechen. So ganz unerwartet geschah die Sache nicht, um ehrlich zu sein. Frank hatte nämlich höllische Angst."

„Angst? Wovor?"

„Puh!" Fredes blies die Backen auf. „Also, das war so: Frank hatte sich mit einem der Ringvereine eingelassen, dem ‚Immertreu'. Nein, nicht, was Sie denken!" Er hob abwehrend die Hand. „Frank war seriös und eine Kapazität in Sachen Geldanlagen. Aus diesem Grund beauftragte ihn der Geschäftsführer – ein gewisser Muskel-Addi, und der Name sagt ja eigentlich alles – dieser Muskel-Addi wies ihn also an, einen sehr großen Geldbetrag gewinnbringend anzulegen. So hat Frank es uns erzählt. Nun, Frank war ein honoriger Mann, aber Sie wissen, wie die Zeiten sind – die Sache ging wohl schief, und der Verlust für den Ringverein war enorm. Unser Freund fürchtete Rache, ja, er hatte sogar Angst um sein Leben. Und das nicht zu unrecht. Mein Gott!" Fredes schüttelte den Kopf.

Ein ungewöhnliches Vereinsleben

„Vor einer Stunde gestand er uns noch, dass er sich kaum aus dem Haus getraut hatte vor Angst, aus irgendeinem Hinterhalt erschossen zu werden, und dann das! Hätte er sich nur nicht auf diesen Verein eingelassen! Sie wissen ja, wie das ist mit denen: Glücksspiel, Schutzgeld, illegale Wetten – und das Geschäft mit gewissen Damen nicht zu vergessen. Diesen Brüdern ist nicht zu trauen."

„Denen ist nicht zu trauen", wiederholte Hinrichs. „Gegen die ist selbst die Polizei machtlos, das wissen wir doch alle! Herrje! Es wird sich wohl nie aufklären, wer dieses Verbrechen begangen hat."

„Hm", machte Hartmann. „Da wäre ich mir nicht so sicher."

Darauf sagte niemand etwas.

„Eine Sache verstehe ich nicht", durchbrach ich das Schweigen.

„Was verstehen Sie nicht, Kindchen?" Angerland, der kaum älter sein konnte als ich, schenkte mir ein müdes, nachsichtiges Lächeln.

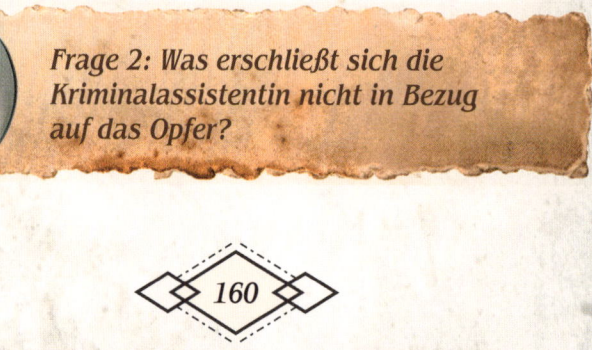

Frage 2: Was erschließt sich die Kriminalassistentin nicht in Bezug auf das Opfer?

Das Fenster zur Wahrheit

„Sie sagten, Vohwinkel habe große Angst vor einer Racheaktion gehabt", führte ich aus. „Ganz konkret fürchtete er, aus einem Hinterhalt erschossen zu werden. Wenn ich zitieren darf …" Ich schlug eine Seite meines Notizblocks zurück. „‚Vor einer Stunde gestand er uns noch, dass er sich kaum aus dem Haus getraut hatte vor Angst, aus irgendeinem Hinterhalt erschossen zu werden'", las ich laut vor und sah auf. „Wenn er einen Hinterhalt fürchtete, warum öffnete er dann so leichtfertig ein Fenster, meine Herren? Und dazu auch noch ausgerechnet jenes, das in gerader Linie zum Billardtisch liegt? Er öffnete es nicht nur, er wandte ihm auch arglos den Rücken zu. So etwas tut man doch nicht, wenn man um sein Leben fürchtet!" Um meinen Worten Nachdruck zu verleihen, nutzte ich meinen Stift wie einen mahnenden Zeigefinger. Dabei glitt er mir wie zufällig aus der Hand, fiel zu Boden und rollte Angerland vor die Füße. Im ersten Moment reagierte keiner von uns beiden, dann bückte sich Angerland, hob ihn auf und reichte ihn mir wortlos. Seine rechte Hand war schmutzig bis in die Poren, weshalb der goldene, mit einem Kleeblatt geschmückte Siegelring, den er am Mittelfinger trug, umso deutlicher ins Auge fiel. Schnell ließ er seine Hände wieder in die Taschen wandern.

„Nicht so eilig, Herr Angerland!", mahnte ich lächelnd. „Wir würden gern Ihre Hände sehen. Sie liefern uns nämlich den Beweis dafür, dass Sie der Täter sind!"

Die drei Männer erstarrten. „Die Schmauchspuren an Ihren Fingern verraten uns, dass Sie der Schütze waren!", erklärte ich. „Dazu wette ich, dass Vohwinkel seine Geschäfte nicht mit Muskel-Addi tätigte, sondern mit Ihnen. Vielleicht hat er das ihm anvertraute Geld tatsächlich schlecht angelegt, vielleicht hat er es gar unterschlagen. In jedem Fall aber wollten Sie drei sich an ihm rächen und beschlossen heimlich, ihn umzubringen. Also brachten Sie den ominösen Heckenschützen ins Spiel. Klug ausgedacht – aber nicht klug genug."

„Verleumdung!", schrie Angerland und sprang auf.

„Keineswegs", widersprach ich. „Dieser Ring, den Sie vor uns zu verbergen versuchen, beweist noch etwas anderes."

Frage 3:
Was beweist der Ring?

Ringlein, Ringlein, du musst wandern …

„Die Ringvereine heißen Ringvereine, weil verdiente Mitglieder einen Siegelring tragen", sagte ich. „Ihrer weist Sie als Mitglied des Vereins ‚Kleeblatt' aus. ‚Kleeblatt' und ‚Immertreu' stehen in scharfer Konkurrenz zueinander, und so wollten Sie gleich zwei Fliegen mit einer Klappe schlagen: sich an Vohwinkel rächen und zugleich dem verhassten Konkurrenten einen Mord anhängen."

„Bravo!" Hartmann klatschte in die Hände. „Sie sehen, meine Herren: Auch die Damenwelt ist zu glasklaren Gedanken fähig." Er drehte sich um und zeigte auf den Wirt.

„Mit Ihnen habe ich allerdings noch ein Hühnchen zu rupfen, mein Freund! Sie haben den Krieg mitgemacht, von A bis Z. Als Sie die Verletzungen des Toten sahen, müssen sie sofort gewusst haben, dass Vohwinkel aus unmittelbarer Nähe erschossen worden ist."

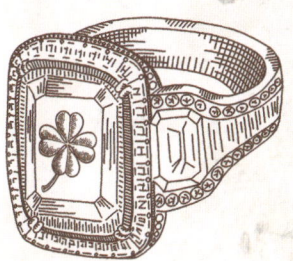

Wie immer sollte Hartmann recht behalten. Speer gab zu, geahnt zu haben, dass Vohwinkel von einem der drei Anwesenden erschossen worden war. Am Mord selbst war er allerdings unbeteiligt gewesen.

Die Tatwaffe fand sich im Mülleimer des Aborts, wo Angerland sie unmittelbar nach der Tat deponiert hatte, um sie später unbemerkt zu entfernen.

Wieder einmal war ein Fall gelöst – und wieder einmal hatte ich zu seiner Aufklärung beitragen dürfen.

KAPITEL 9

JEDER EINMAL IN BERLIN

Jeder Einmal in Berlin

Ein heftiger Streit

Der Fall Rothenburger fiel uns sozusagen direkt vor die Füße. Es war Freitagabend, und wir kehrten gerade von einem Einsatz im Scheunenviertel zurück, der sich als Fehlalarm herausgestellt hatte. Doch kaum war ich in die Rosenthaler Straße eingebogen, stürzte etwas wie aus dem Nichts herab und prallte unmittelbar vor uns auf die Straße. Mit quietschenden Reifen brachte ich den Wagen zum Stehen. Im ersten Moment hielt ich dieses Etwas für einen Menschen, und meine Hände begannen derart zu zittern, dass ich mich am Lenkrad festklammern musste.

Hartmann überwand als Erster seinen Schrecken, sprang aus dem Auto und eilte nach vorn. Einen Augenblick später hielt er mir ein unförmiges Stück Stoff entgegen, das sich als Mantel entpuppte. Vor Erleichterung stöhnte ich laut auf.

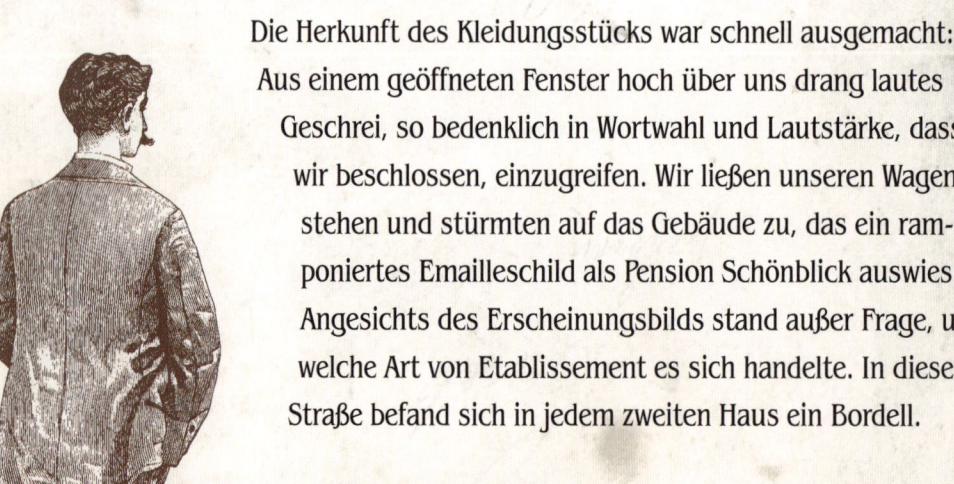

Die Herkunft des Kleidungsstücks war schnell ausgemacht: Aus einem geöffneten Fenster hoch über uns drang lautes Geschrei, so bedenklich in Wortwahl und Lautstärke, dass wir beschlossen, einzugreifen. Wir ließen unseren Wagen stehen und stürmten auf das Gebäude zu, das ein ramponiertes Emailleschild als Pension Schönblick auswies. Angesichts des Erscheinungsbilds stand außer Frage, um welche Art von Etablissement es sich handelte. In dieser Straße befand sich in jedem zweiten Haus ein Bordell.

Die Rosenthaler Straße genießt einen gewissen Ruf.

Die Eingangstür war unverschlossen, und wir hasteten die Treppe hinauf in den zweiten Stock, dann einen langen, rot gestrichenen Flur entlang, dessen Farbe im trüben Schein der einzigen beiden Wandlampen, die noch funktionierten, an Blut erinnerte.

Trotz der vielen abgehenden Türen war es nicht schwer, unser Ziel auszumachen, wir brauchten nur dem Gebrüll zu folgen.

„Waach dir ja nich uffzumucken!"

„Und ob ich mich wage! Ich werde Sie anzeigen! Festnehmen lasse ich Sie, jawohl!"

„Versuch's, und ick schmeiß dir ooch gleich aus'm Fenster, du Flitzpiepe!"

„Ach, Ronnie! Nun lass ihn doch!"

„Halt die Klappe!"

„Aber die Sache lässt sich doch sicher mit dem Herrn – "

„Halt's Maul, hab ick jesacht! Noch een Ton, und ick dreh deiner Bagage den Hals rum! Wär sowieso längst Zeit dafür."

„So redet man nicht mit einer Dame!"

Im Berliner Nachtleben herrschen raue Sitten.

„Funkste schon wieder dazwischen, du Quarkjesicht? Ick schlitz dir jleich deine blasse Touristenjurjel durch!"

Hartmann hielt sich nicht erst mit Klopfen auf.

„Polizei!"

Wir vergewisserten uns zunächst, dass weder für uns noch für die Streithähne unmittelbar Gefahr für Leib und Leben bestand, da sie ihre Attacken bislang offenbar verbal geführt hatten. Schließlich traten wir durch die Tür und fanden uns in einem engen, spartanisch eingerichteten Raum wieder, wie wir ihn schon oft – viel zu oft – gesehen hatten: ein alter, schmaler Tisch mit einem Stuhl, darüber ein halbblinder Spiegel. Unmittelbar neben dem Tisch trennte ein Vorhang die Nische mit dem Bett ab. Dort war ein schmales, geöffnetes Fenster zum Hinterhof.

Das Zimmer in der Pension Schönblick

„Ooch noch die Polente!", mokierte sich der Kerl, dessen Stimme ihn als den Großmäuligeren der beiden verriet. Er sah nicht sonderlich gut aus, verfügte aber über diese üble, unheilbringende Anziehungskraft, die vielen Zuhältern eigen ist. Ebenso offensichtlich erschien mir, in welcher Eigenschaft sein Kontrahent war: ein Tourist, den Berlins sündiges Nachtleben gelockt hatte. ‚Jeder einmal in Berlin' – alle kannten diesen Werbespruch, denn man stieß allerorten auf ihn. Er verfehlte seine Wirkung offenbar nicht, denn trotz der angespannten wirtschaftlichen Lage wimmelte die Stadt von Besuchern. Insbesondere der Ruf als sündiges Pflaster eilte ihr bis in die entlegensten Provinzen voraus.

Ein Zuhälter. Ein Tourist. Fehlte noch die Frau. Sie stand zusammengekrümmt in der hintersten Ecke des Zimmers und klammerte sich ängstlich an den Überwurf, mit dem sie ihre nackten Schultern bedeckt hatte.

Der Lude gibt sich gefährlich.

Dazu fror sie ganz offensichtlich, was kein Wunder war. Da auch das Fenster zur Straße hinaus weit offen stand, fegte ein scharfer Windzug durchs Zimmer.

„Det wirste mir teuer bezahlen, Freundchen!", fuhr der Zuhälter den anderen Mann an. „Schleppst uns die Polypen ins Haus!"

„Was ist hier los?", bellte Hartmann. Sofort suchte der Tourist hinter ihm Schutz.

„Jemand hat mir meine Geldbörse geklaut!" Er deutete auf das Fenster hinter dem Vorhang. „Hat in meiner Manteltasche gewühlt, und ist da – "

„Hier hat keener nix jeklaut!", fiel ihm der Zuhälter ins Wort.

„Ruhe!", donnerte Hartmann und fixierte den Mann mit eisigem Blick. „Wer sind Sie?"

„Kalle Krebs heiß ick."

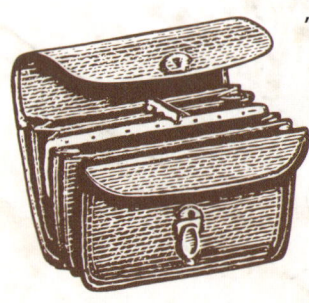

„Und was tun Sie hier?"

„Bin so 'ne Art Hausmeister."

„Wer's glaubt", murmelte Hartmann und deutete auf den Touristen. „Und Sie?"

„Rothenburger. Herbert Rothenburger", beeilte der junge Mann sich zu sagen.

„Was tun Sie hier?", fragte der Kommissar scharf. Dieses Mal ließ die Antwort länger auf sich warten.

„Die Dame …, also das Fräulein Lotte … sie hatte mich zu sich eingeladen … " Er wand sich vor Verlegenheit.

„Einjeladen hat se dich!" Der Lude lachte auf. „Wollt' dir wohl ihre Briefmarkensammlung zeijen, wat?"

„Wenn Sie nicht auf der Stelle die Klappe halten, lasse ich Sie einsperren!", donnerte Hartmann, und seine Miene ließ keinen Zweifel daran, dass es ihm ernst war. „Also Rutenberger, nun reden Sie schon!"

„Entschuldigen Sie: Rothenburger ist mein Name. Herbert Rothenburger. Ich bin auf Urlaub in Berlin. Gerade gestern angereist. Und heute habe ich das Fräulein Lotte kennengelernt."

„Da warste aber schnell durch mit deinem Kulturprojramm", mokierte sich Krebs feixend, verstummte jedoch, als Hartmann ihn drohend ansah.

„Das Fräulein Lotte und ich …" Rothenburger geriet ins Stottern. „Wir … wir gingen auf ihr Zimmer und unterhielten uns ein wenig, und, na ja … meinen Mantel hatte ich an den Kleiderhaken hinter dem Vorhang gehängt …". Mit spöttischem Grinsen setzte Krebs zu einem Kommentar an, konnte ihn aber gerade noch für sich behalten.

„Auf einmal hörte ich ein Geräusch", fuhr Rothenburger fort. „Ich schaute mich um und sah eine Gestalt. Dort am Fenster, hinter dem Paravent. Und dann war dieser Jemand auch schon weg. Das heißt, eigentlich habe ich ihn erst gesehen, nachdem er schon aus dem Fenster geklettert war. Eigentlich nur einen Haarschopf, um genau zu sein.

Aber da war jemand!", beteuerte er. Ich trat auf das besagte Fenster zu und steckte den Kopf heraus. Die Nacht umfing mich wie schwarze Tinte, doch nach einigen Sekunden lichtete sich das Dunkel, und ich erkannte vage einen viereckigen Hinterhof, in dem allerlei herumzuliegen schien. Er wurde von einer mannshohen Mauer begrenzt, die mehr zu erahnen als wirklich sichtbar war. Der Rest verlor sich in Düsternis. „Das Fenster stand offen?", hörte ich Hartmann fragen.

„Ja, genau wie jetzt."

„Warum sind hier alle Fenster geöffnet? Es ist doch kalt draußen." Genau das hatte ich mich auch gerade gefragt. Ich zog den Kopf zurück und wandte mich wieder den Anwesenden zu.

„Ich hatte das Fräulein Lotte gebeten, für etwas frische Luft zu sorgen", antwortete Rothenburger. „Hier war es doch sehr … Es roch nicht gut. Irgendwie ungewaschen … wie der Kerl da drüben." Er deutete mit aufmüpfiger Miene auf Krebs. Offenbar hatte er in Anwesenheit der Polizei Mut gefasst und konnte sich die Spitze nicht verkneifen.

„Ick jeb dir jleich, unjewaschner Hals!", stieg Krebs prompt darauf ein.

„Was haben Sie eigentlich mit der Sache zu tun?", ging Hartmann dazwischen.

„Icke? Jar nüscht. Also nich direkt. Aber der feine Herr hier hat ja jeschrien wie am Spieß. Da wollt ick helfen." Krebs probierte es mit einem treuherzigen Augenaufschlag.

„Helfen wollten Sie?" Rothenburger stieß einen ätzenden Lacher aus. „Sie haben meinen Mantel aus dem Fenster geschleudert und angedroht, mit mir dasselbe zu tun, wenn ich die Polizei rufe."

„In welcher Verbindung stehen Sie zu der jungen Dame?", wandte sich Hartmann an Krebs und deutete auf das frierende Mädchen.

„Verbindung? Jar keener. Ick pass hier nur auf, wie ick jesacht hab."

Der Kommissar nickte. „Also, was war mit dem Dieb?"

In den Häuserschluchten der Hauptstadt

Hartmann schwant nichts Gutes.

„Es ist die Feuerleiter runter, flink wie ein Affe. Dann rannte er über den Hof, kletterte über die Mauer und lief in Richtung Westen davon."

„Sind Sie sicher?", schaltete ich mich ein. Rothenburger schaute mich an, als sei er höchst erstaunt darüber, dass ich der Sprache mächtig war. Allerdings reagieren Männer häufig so auf meine Anwesenheit, weshalb sich bei mir ein gewisser Gewöhnungseffekt eingestellt hatte.

„Aber ich habe es doch mit eigenen Augen gesehen!", antwortete er mir, nicht ganz so respektvoll wie Hartmann gegenüber. Ich sah ihm fest in die Augen.

„Das kann nicht stimmen, Herr Rothenburger."

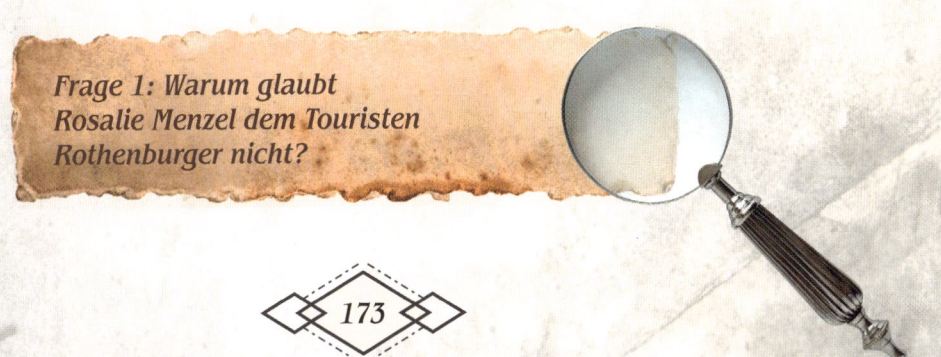

Frage 1: Warum glaubt Rosalie Menzel dem Touristen Rothenburger nicht?

Bei Nacht und Nebel

„Schauen Sie selbst noch einmal aus dem Fenster!", forderte ich ihn auf. „Rabenschwarze Nacht dort draußen. Wie wollen Sie da gesehen haben, dass dieser Dieb, wer auch immer es war, über die Mauer kletterte und in Richtung Westen verschwand?" Rothenberger sagte nichts, starrte mich nur an, als würde er mit sich ringen.

„Sie haben recht", gab er dann zu. „Ich konnte ihn nicht sehen. Das habe ich nur erzählt, damit Sie mir glauben. Denn es war jemand da."

„Lügen ist nicht die beste Strategie, um die Wahrheit glaubhafter zu machen", ließ sich Hartmann vernehmen.

„Ich sach doch, dem Knülch is nich zu trauen!", meldete sich Krebs wieder zu Wort, doch niemand achtete auf ihn.

„Schauen Sie mal nach, ob da unten was zu finden ist!", wies Hartmann mich an. Ich folgte seiner Aufforderung und durchschritt wieder den langen Flur, doch jetzt spähten einige leicht bekleidete Frauenzimmer neugierig durch halbgeöffnete Türen. Ich bemühte mich, keine von ihnen direkt anzusehen und erschrak ordentlich, als ich mein eigenes Gesicht in einem zersprungenen Spiegel erblickte. Blass und krank sah ich aus, mit brennenden dunklen Augen, als irrte ich durch einen Fiebertraum. Ich hastete weiter, die Treppe hinunter und in die Bar. Noch mehr leichtbekleidete Frauen, dazu schmauchende, trinkende, mit glasigem Blick umherstarrende Männer. Männer wie Rothenburger, auf der Suche nach zweifelhaften Abenteuern. Ich trat auf eine schmale Kellnerin zu, die unter ihrem Schürzchen kaum etwas trug, wies mich als Polizistin aus und fragte sie nach dem Zugang zum Hinterhof. Wenig begeistert verließ sie mit mir die gut geheizte Bar, und wir stiegen eine weitere Treppe hinab, die in einen modrig riechenden Keller führte. Ein eiskalter Luftzug wies mir den Weg ins Freie.

Die Tür zum Hinterhof war unverschlossen, und ich trat in die Nacht hinaus, die hier schwärzer zu sein schien als irgendwo sonst in Berlin. Es war, als bildeten die Scheiben der erleuchteten Fenster eine unsichtbare Barriere, die das Licht im Innern des Gebäudes gefangen hielten. Parallel zur Hauswand tastete ich mich vorwärts. Da lag etwas, nur wenige Meter entfernt. Ich bückte mich und hielt eine lederne Geldbörse in Händen. Über mir, hoch oben im zweiten Stock, entdeckte ich das kleine geöffnete Fenster, durch das der Dieb angeblich entkommen war. Es musste also etwas dran sein an Rothenburgers Schilderungen.

„Die habe ich unten im Hof entdeckt, direkt unter dem Zimmer hier." Ich zeigte Hartmann meinen Fund.

„Das ist meine Börse!", rief Rothenburger aufgeregt.

„Wenn das so ist, können Sie mir sicher sagen, was drin war," forderte ich ihn auf, und er funkelte mich ärgerlich an.

„Beispielsweise ein Bild von der Mutter und eins der Schwester", erwiderte er pikiert. „Und das abgestempelte Zugbillet." Es stimmte. Die Fotografien und die Fahrkarte waren noch da. „Glauben Sie mir jetzt endlich?"

„Schauen Sie nach, was fehlt", forderte Hartmann ihn auf, und ich reichte ihm die Börse.

„Achtzig Mark", antwortete er nach einem kurzen Blick hinein. „Und auch die Briefmarken." Er runzelte die Stirn. „Merkwürdig. Ich hatte eine Germania dabei für einviertel Mark; für einen Brief an die Frau Mama, sie will ja immer alles ganz ausführlich wissen. Ich kam allerdings noch nicht dazu, ihn zu schreiben … nun ja." Er hielt verlegen inne.

„Was finden Sie merkwürdig?", hakte Hartmann nach.

„Ich hatte noch einen Scheck dabei, den ich längst einlösen wollte. Aber dann hatte das Bankhaus geschlossen, wie es eben so geht, und … hier, sehen Sie!" Rothenburger hielt uns den Scheck vor die Nase. Er belief sich auf einhundert Mark, eine überaus stolze Summe. „Warum ist er noch da?", fragte er uns, als könnten wir ihm die Antwort geben. „Es wäre doch ein Leichtes gewesen, ihn zu nehmen und irgendwo einzulösen."

Damit hatte er durchaus recht. Plötzlich ging mir ein Licht auf. Er hatte uns einen weiteren wichtigen Hinweis auf den Täter gegeben.

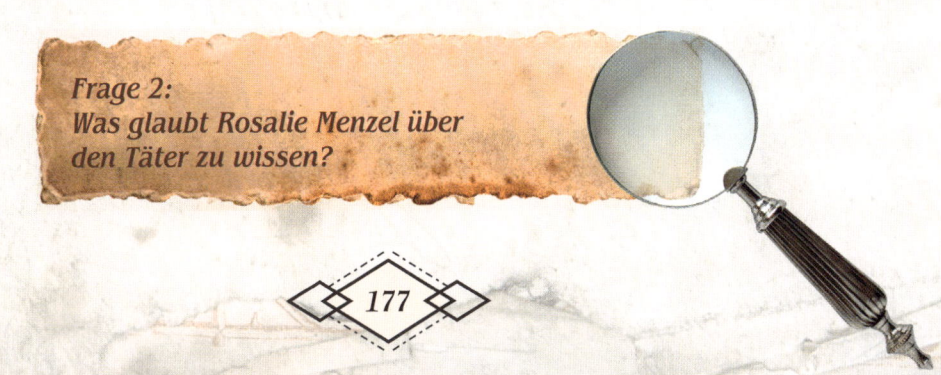

Frage 2:
Was glaubt Rosalie Menzel über den Täter zu wissen?

Hehler, Huren und Halunken

„Wir sehen dieses kleine Fenster", hob ich zu einer Erklärung an. „Es ist recht schmal. Ein Erwachsener hätte Mühe, hindurchzugelangen. Zudem hatte der Dieb offenbar keine richtige Vorstellung vom Wert der Dinge – abgesehen vom Bargeld, das ja jeder kennt. Schecks kannte er nicht. Aber er hatte eine Vorliebe für Briefmarken – zumindest für recht farbenprächtige wie die Germania. Daraus schließe ich, dass es sich um ein Kind handeln muss. Vermutlich kann es nicht einmal lesen und schreiben. Ich wandte mich zu der jungen Frau um. „Gibt es hier ein Kind im Haus?"

„Ein Kind?" Es war das erste Mal, dass ich ihre Stimme hörte.

„Hier is kein Kind nich", bellte der Lude. „Ich sach doch, die Polente hat komische Fantasien."

„Herr Krebs, wenn Sie uns bitte einen Moment allein lassen würden?" Ich wies auf die Tür, und Hartmann verlieh meiner Forderung Nachdruck. Murrend schlurfte Krebs aus dem Zimmer. „Bin bei der Arbeit, wenn Se mich brauchen."

„Und wo wäre das?", rief der Kommissar ihm nach.

JEDER EINMAL IN BERLIN

Krebs wandte sich noch einmal um. „In der Bar", antwortete er feixend. „Da wirste neidisch, wa, Herr Kommissar?" Er lachte schallend.

Hartmann blieb ernst. „Das gilt auch für Sie, Herr Rothenburger", erklärte er, nachdem Krebs abgezogen war. „Lassen Sie uns bitte einen Moment allein."

„Aber wo soll ich denn hin?", fragte Rothenburger ängstlich.

„Warten Sie vor der Tür", wies Hartmann ihn an, und der Tourist verließ widerwillig den Raum. Nachdem sich die Tür geschlossen hatte, wandte ich mich an die junge Frau.

„Wie heißen Sie?"

„Lotte. Lotte Muss. ‚Muss' wie ‚müssen'."

„Und was tun Sie hier, Fräulein Muss?"

„Das sehen Sie ja." Sie deutete mit dem Kinn auf das Bett. „Von irgendwas muss ich ja leben."

„Der Mann war also ein Kunde?"

„Dieser Rothenburger? Ja."

„Woher kommen Sie?", fragte ich weiter. Die Frage schien sie zu überraschen.

„Sie meinen, wo ich geboren bin?"

„Ja."

„In Hannover."

„Ah! Das erklärt Ihre gute Aussprache. Davon könnten sich die Berlinerinnen eine Scheibe abschneiden!" Ich lächelte, und auch ihr huschte ein Lächeln übers Gesicht. „Seit wann sind Sie in der Stadt?" Sie dachte kurz nach.

„Seit acht oder neun Jahren."

„Sie müssen recht jung gewesen sein, als Sie kamen."

„Sind schon viele von zu Hause abgehauen." Lotte Muss zuckte scheinbar gleichgültig mit den Schultern. „Aber ich hatte es mir leichter vorgestellt, hier in Berlin Arbeit zu finden."

JEDER EINMAL IN BERLIN

Ich nickte verständnisvoll. In dieser Stadt zu Lohn und Brot zu kommen, war in der Tat ein Problem, erst recht für eine Frau, wie ich aus leidvoller Erfahrung wusste.

„Und wie ging es weiter mit Ihnen?"

„Irgendwann bin ich im Dalles gelandet. Das Café Dalles, gleich um die Ecke. Sie kennen es vielleicht." Sie schaute kurz auf.

Und ob wir das Dalles kannten! Das sogenannte Café war ein stadtbekanntes Karrieresprungbrett zweifelhafter Art: Hehler, Huren und Halunken gingen dort ein und aus. Aber ich sagte nichts dazu, und sie schien auch keine Antwort zu erwarten. „Im Dalles traf ich Kalle, und so kam eins zum andern." Für einen Moment verlor sie sich in Gedanken.

„Gibt es ein Kind im Haus?", wiederholte ich meine Frage, und sie reagierte so irritiert wie beim ersten Mal.

„Ein Kind? Nein. Doch. Die Küchenhilfe hat einen Sohn, den sie oft zur Arbeit mitbringt. Aber davon soll keiner was wissen. Das wird nicht gern gesehen, Sie verstehen schon." Im selben Moment öffnete sich die Tür einen Spalt breit. Ein dunkelblonder Haarschopf wurde sichtbar, dann ein mit Sommersprossen übersätes, schmales Gesicht mit ängstlichem Blick. Hartmann trat einen Schritt vor, fasste den Jungen blitzschnell beim Arm und zog ihn ins Zimmer.

„Ist er das?", fragte er Lotte Muss.

Sie nickte. „Ja, das ist Elses Sohn. Else Thielen, die Spülhilfe."

„O nein, Fräulein Muss!", widersprach Hartmann vehement. „Das ist nicht der Sohn der Spülhilfe."

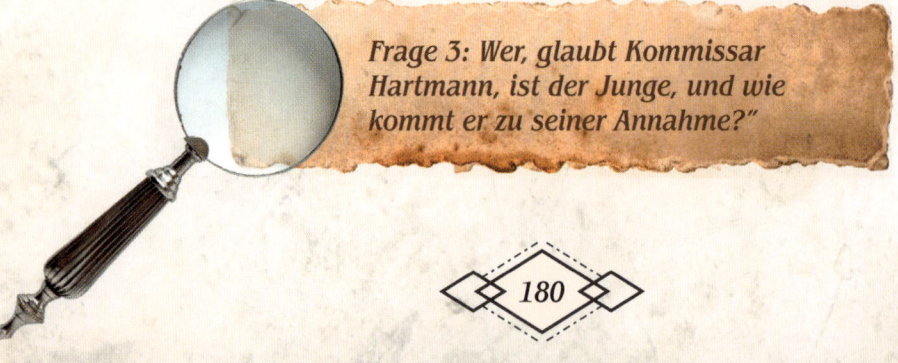

Frage 3: Wer, glaubt Kommissar Hartmann, ist der Junge, und wie kommt er zu seiner Annahme?

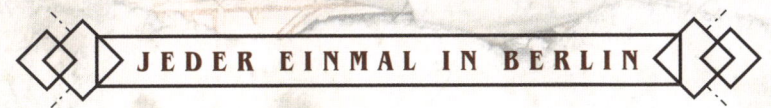

Kleine Leute ganz groß

„Wie meinen Sie das?", fragte Lotte Muss mit schreckgeweiteten Augen. Ich trat zu Hartmann, fasste den Jungen bei den Schultern und schob ihn vor sie hin.

„Das ist Ihr Kind, nicht wahr?" Sie sagte nichts, schlug nur die Augen nieder. Doch ihr Schweigen war Antwort genug.

„Als wir hier ankamen, drohte dieser Kalle Krebs damit, Ihre ‚Bagage' umzubringen", erklärte ich ruhig. „Damit konnte nur Ihre Familie gemeint sein – die Sie aber in Hannover zurückgelassen hatten. Dazu kam der Diebstahl: das schmale Fenster, der zurückgelassene Scheck, die bunten Marken: Alles wies auf ein Kind hin. Auf eines, das nach seinem Dafürhalten entschieden hatte, was von Wert war. Wäre dieser Junge nicht Ihr Sohn, hätte er auch keinen Anlass gehabt, ausgerechnet jetzt hier aufzutauchen. Er wäre sonstwo geblieben und hätte abgewartet. Aber das tat er nicht. Er kam her, weil er sich Sorgen um seine Mutter machte." Lotte Muss schlug die Hände vors Gesicht. „Ist das Ihr Sohn?", wiederholte ich meine Frage. Sie schluchzte auf.

„Ja, das ist Joseph." Ich ließ den Jungen los, worauf er sofort zu seiner Mutter stürzte und sie mit den Armen umschlang.

„Haben Sie ihn veranlasst, die Börse zu stehlen?", schaltete Hartmann sich ein. Lotte Muss presste ihr Kind an sich, antwortet jedoch nicht. „Wenn Sie nichts sagen, müssen wir uns Ihren Joseph vornehmen", drohte er, und ich spürte, wie sich mir die Nackenhaare aufstellten.

„Es ist allein meine Schuld!" Sie schluchzte auf. „Joseph soll es doch mal besser haben. Er soll zur Schule gehen und etwas lernen. Einen ordentlichen Beruf soll er haben, eine Familie …" Sie brach nun vollends in Tränen aus.

Joseph wirkt bedrückt.

„Das verstehe ich", erklärte Hartmann ungewohnt sanft. „Es muss sehr schwer sein, auch noch für ein Kind zu sorgen – in Ihrer Situation." Er hielt einen Augenblick inne. „Aber Diebstahl ist Diebstahl", schloss er unbeirrt. „Auf Straftaten folgen Konsequenzen."

„Bitte, Herr Kommissar! Tun Sie uns das nicht an!" Lotte Muss hob flehend die Hände. „Wenn wir das Geld zurückgeben, dann ist doch quasi nichts passiert!" Ihr Blick streifte den Jungen, gefolgt von einer knappen Bewegung des Kopfes, kaum sichtbar, doch sie entging Joseph offenbar nicht. Er griff sofort in seine Taschen und förderte einige Scheine zu Tage, die er Hartmann bereitwillig hinstreckte. Der winkte jedoch ab und wandte sich an mich.

„Fräulein Menzel, holen Sie Rothenburger herein."

Die Szene mit dem Kind hatte auf mich so beklemmend gewirkt, dass ich froh war, den Raum zu verlassen. Ich fand Rothenburger schließlich im Treppenhaus, wo er nervös eine Zigarette rauchte. Gemeinsam kehrten wir in das schäbige Zimmer zurück, in dem Lotte Muss ihre Arbeit verrichtete.

„Herr Rothenburger, wir haben den Übeltäter gefunden", teilte Hartmann ihm mit. „Es war dieser Junge hier." Er legte Joseph die Hand auf die Schulter. „Selbstverständlich können Sie jetzt Anzeige wegen Diebstahls erstatten, das ist Ihr gutes Recht. Allerdings werden wir dann gezwungen sein, Ihre Personalien aufzunehmen. Und natürlich die Umstände des Tathergangs:

Aufenthaltsort, Grund Ihrer Anwesenheit und so weiter." Er hielt kurz inne, um seine Worte nachwirken zu lassen. „Aber müssen wir die Sache nicht an die große Glocke hängen, Sie verstehen? Der Junge gibt Ihnen das Geld zurück, und die Sache ist erledigt." Wie auf Kommando trat das Kind vor und streckte dem jungen Mann die Geldscheine hin. Der blickte irritiert in die Runde, zögerte kurz – und griff zu.

„Zählen Sie nach!", forderte der Kommissar ihn auf, was dieser auch tat.

„Achtzig Mark", verkündete er anschließend. Genau die Summe also, die er als gestohlen angegeben hatte.

„Sonst fehlt nichts?" Hartmanns Frage klang nur noch wie eine Formsache, doch der junge Mann zögerte. „Die ... die Germania – sie ist nicht mehr da", bemerkte er unsicher.

„Ich glaube nicht, dass Ihre Frau Mama sehr erpicht darauf ist, brieflich über Ihre nächtlichen Damenabenteuer informiert zu werden", mischte ich mich ein. „Der Verlust einer Briefmarke lässt sich also sicher verschmerzen."

„Ganz gewiss", beeilte Rothenburger sich zu sagen, stopfte das Geld in seine Börse und war auch schon bei der Tür.

„Ihr Mantel!", rief Hartmann ihm nach, denn das gute Stück lag noch immer auf der Rücksitzbank unseres Wagens. Den schien unser Tourist völlig vergessen zu haben und wäre wohl ohne ihn davongestürzt, so eilig hatte er es, Berlins Nachtleben den Rücken zu kehren.

KAPITEL 10

JAGDSZENEN

JAGDSZENEN

Mord in der Münzstraße

Eine Tote in einer Wohnung in der Münzstraße; dazu deutliche Hinweise auf einen Mord. Mehr wussten wir nicht, als wir am Tatort eintrafen, obwohl die Schutzpolizei längst vor Ort war. Eine Übermittlungspanne offensichtlich.

Der blutjunge Polizist, der uns in Empfang nahm, stand vor Hartmann stramm wie ein Soldat. Sein Name sei Sonderberg, teilte er uns mit und führte uns, von nervösem, nahezu unverständlichem Gebrabbel begleitet, durch einen schmalen Flur in eine schlicht eingerichtete Wohnstube: Zwei abgewetzte Sessel, ein wackeliges Tischchen, in der Ecke ein Bett. Dazu ein wuchtiger, reich verzierter Barockschrank aus glänzendem Nussholz, der nicht zum Rest des Ganzen passte. Ebensowenig wie die zahlreichen Jagdtrophäen, die die Wände zierten. Der Raum wirkte ausgesprochen düster, was auch am mangelnden Lichteinfall lag, denn es gab nur ein kleines Fenster.

„Hier entlang, bitte." Sonderberg öffnete eine weitere Tür. „Die Tote liegt in diesem Zimmer."

„Wie ist ihr Name?", erkundigte sich Hartmann.

„Gerlinde Kühn", beeilte sie Sonderberg zu sagen. „Ehefrau von Herbert Kühn. Beide hier wohnhaft." Wir streiften uns Handschuhe über und betraten in gespannter Erwartung den Raum. Helles Tageslicht flutete herein, doch mein Gefühl sagte mir, dass hier sonst meist Dunkelheit herrschte. Vielleicht lag es an der Kälte, die uns sofort entgegenschlug. Die wiederum war nicht verwunderlich, denn die meisten Schlafzimmer blieben übers ganze Jahr unbeheizt. Vielleicht war es auch der Anblick der Toten, die mich frösteln ließ.

Sie lag auf der linken, uns zugewandten Seite eines altmodischen Doppelbetts. Ihr Oberkörper war mit Einstichen übersät, die offenbar von einem großen Messer herrührten. Auch seitlich am Hals zeigte sich eine tiefe Wunde innerhalb dunkelvioletter Leichenflecken, medizinisch Livores genannt.

Ihr Körper war bereits erkaltet, die Totenstarre vollständig ausgeprägt. Hartmann gab mir ein Zeichen, und ich schlug ihr Nachthemd hoch: Auch im vorderen Brustbereich und am Bauch waren die Totenflecken stark ausgeprägt und flossen bereits ineinander. Vorsichtig drehten wir die Frau um: Hinterkopf, Rücken und Beine wiesen keine äußeren Verletzungen auf, hier waren auch keine Leichenflecken sichtbar.

Die Münzstraße

„Wer hat sie gefunden?", wandte sich Hartmann wiederum an Sonderberg, der respektvoll in der Tür stehen geblieben war.

„Herbert Kühn, ihr Ehemann."

„Hier?"

„Ja, in diesem Raum."

„Hmm", machte Hartmann und sah mich an. „Was können Sie uns über die Tote sagen, Fräulein Menzel?"

„Dass sie nicht im Bett gestorben ist", antwortete ich prompt, denn warum sollte ich mit meinem Wissen lang hinterm Berg halten?

Frage 1: Warum kann das Opfer nicht im Bett gestorben sein?

JAGDSZENEN

Ordnung muss sein

„Wie kommen Sie zu Ihrem Urteil?", fragte der Kommissar.

„Nun, es ist jetzt acht Uhr dreißig. Die Leichenstarre ist bereits vollständig ausgeprägt, sie dürfte also schon mindestens sechs Stunden tot sein, vielleicht länger, da die niedrige Raumtemperatur den Vorgang vermutlich verzögert hat. Auch die Livores sind nicht mehr vollständig umlagerbar, was meine Annahme, den Todeszeitpunkt betreffend, bestätigt. Ich tippe also auf den gestrigen Abend."

„Das sagt aber noch nichts über Ihre Theorie", wandte Hartmann ein.

„Ich war ja auch noch nicht fertig", entgegnete ich kühn. Wenn die Herren Fragen stellten, dann sollten sie sich auch die Zeit für eine vollständige Antwort nehmen. „Hier", ich deutete auf Bauch und Oberkörper der Toten. „Die Leichenflecken sind deutlich ausgeprägt. Sie muss also auf dem Bauch gelegen haben. Nun allerdings finden wir sie in Rückenlage vor. Der Rücken wiederum weist weder äußere Verletzungen noch Leichenflecke auf. Was wiederum zweierlei bedeutet: Erstens wurde sie von vorn attackiert, und zweitens wurde sie nach ihrem Tod noch bewegt. Allerdings erst Stunden später, denn das Blut ist nicht mehr der Schwerkraft gefolgt, war also bereits soweit eingedickt, dass die Livores dort verblieben, wo sie sich nach Eintritt des Todes gebildet haben: nämlich auf der Vorderseite des Körpers. Zudem finden sich auf dem Bett zwar Blutspuren, aber nicht in der Menge, die ihre zahlreichen Verletzungen erwarten lassen würden. Ich gehe also davon aus, dass sie an einem anderen Ort zu Tode kam und anschließend hier ins Bett gelegt wurde." Hartmann nickte überaus zufrieden.

„Hören Sie gut zu, Sonderberg! Hier können Sie etwas lernen." Durch seine Äußerung fühlte ich mich dazu ermuntert, aus dem Gesagten weitere Schlussfolgerungen zu ziehen. „Ihre Position ähnelt einer Aufbahrung", fuhr ich fort.

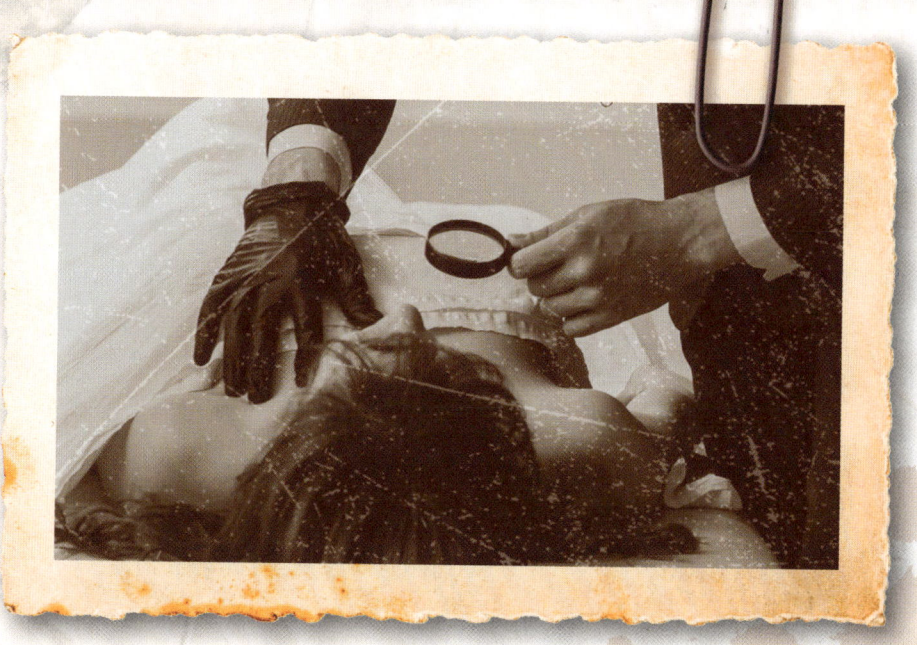

Hartmann untersucht die Leiche genau.

„All das lenkt den Verdacht natürlich auf den Ehegatten. Angesichts völlig fehlender Einbruchs- oder Kampfspuren würde ich sogar noch weiter gehen und behaupten, dass er mit an Sicherheit grenzender Wahrscheinlichkeit unser Täter ist." Ich hielt inne und sah den Kommissar erwartungsvoll an.

„Ähm." Sonderberg machte sich mit einem lauten Räuspern bemerkbar, und wir drehten uns zu ihm um. Er war knallrot geworden und wippte nervös auf den Fersen, brachte aber kein Wort heraus.

„Haben Sie uns etwas mitzuteilen?", half Hartmann ihm auf die Sprünge.

„Es ist so", begann der junge Kollege zögerlich. „Als wir eintrafen, Keller und ich, herrschte hier ein großes Durcheinander. Es sah wirklich nicht schön aus … all das viele Blut … dazu diese unwürdige Position, in der sich die Tote befand … nun, wir … wir dachten, die Situation sei für einen Kriminalhauptkommissar nicht angemessen und haben … wir haben …"

„… aufgeräumt", ergänzte ich.

„Richtig." Sonderberg starrte uns hilflos an. Er war alles andere als gut geschult, so viel war klar, aber damit stand er beileibe nicht allein da. Die Ausbildung der Polizei ließ nach wie vor in vielen Bereichen zu wünschen übrig.

Dazu hatte Sonderberg einen Übereifer gezeigt, der ihn zwar in gewisser Weise ehrte, aber der Sache mitnichten zuträglich gewesen war. All das verwunderte uns allerdings nicht wirklich. Was Mordfälle betraf, ging bei der Polizei ständig etwas schief. In diesem Fall offenbar ganz besonders.

Der Kommissar seufzte tief. „Dann erklären Sie uns wenigstens, wie Sie sie vorgefunden haben", forderte er den jungen Polizisten auf. Der nickte bereitwillig und trat zwei Schritte vor.

„Sie lag hier, auf dem Teppich." Er deutete vor sich. „Auf einer Teppichbrücke, um genauer zu sein. Sie finden sie in einem Müllsack in der Küche. Aber Vorsicht! Sie ist völlig blutdurchtränkt."

„Ich verspreche, ich werde vorsichtig sein", erklärte Hartmann mit sarkastischem Unterton.

„Die arme Frau lag hier in recht unschicklicher Position. Ihr Nachthemd war hochgerutscht, ihre Schenkel entblößt."

„Sie lag auf dem Bauch?", hakte Hartmann nach.

JAGDSZENEN

„Ja. Der Mörder hatte sie wohl von vorn attackiert, doch im Fallen muss sie gegen die Bettkante geprallt und dann auf dem Teppich zu liegen gekommen sein. Keller und ich haben sie aufgehoben und aufs Bett gelegt."

„Wo ist Ihr Kollege eigentlich?", fragte ich.

„Er befragt die Nachbarn. Ist schon eine ganze Weile weg."

„Danke, Sonderberg. Schicken Sie ihn zu mir, wenn er zurück ist. Aber zuerst holen Sie mir den Ehemann."

Der Gatte erwartete uns bereits im Jagdzimmer.

„Herr Kühn? Mein Beileid." Hartmann reichte ihm die Hand. „Wir würden gern mit Ihnen sprechen."

Kühn sagte nichts, holte allerdings noch einen Stuhl aus der angrenzenden kleinen Küche und setzte sich. Uns bot er die beiden Sessel an, auf denen wir Platz nahmen. Ein unangenehmes Schweigen machte sich breit. Lieber wäre ich bei der Toten geblieben und hätte die Fotografien gemacht, die noch ausstanden. Insbesondere nahm ich mir vor, ihre Fingernägel im Bild festzuhalten, unter denen sich Blutreste befanden, wie ich bemerkt hatte.

„Sie sind Jäger?" Hartmann deutete auf die Trophäen an der Wand, worauf Kühn ihn lange ansah, als überlegte er, ob er überhaupt auf die Frage eingehen sollte. Doch schließlich rang er sich zu einer Antwort durch.

„Ja. Ich bin Jäger. Oder war es zumindest."

„Und wo jagen Sie, wenn ich fragen darf? Hier in Berlin bietet sich ja eher wenig Gelegenheit."

Kühn kniff die Augen zusammen. „Sie halten sich wohl für sehr scharfsinnig."

„Ab und an." Hartmann wiegte den Kopf hin und her.

JAGDSZENEN

„Hören Sie, ich weiß wirklich nicht, was das mit dem Tod meiner Frau zu tun haben sollte, also unterlassen Sie bitte das Geplänkel", giftete Kühn ihn an. Hartmann brachte das nicht aus der Ruhe.

„Werter Herr, ich habe Verständnis für Ihre Gemütslage, aber bitte beantworten Sie einfach meine Fragen."

Kühn schnaubte verächtlich, kam der Aufforderung aber nach. „Ein Onkel hat ein Jagdgebiet im Brandenburgischen gepachtet", erklärte er widerwillig. „Dorthin habe ich ihn schon von Kindesbeinen an begleitet."

„Er wird Ihnen eine Menge beigebracht haben."

„Durchaus."

„Sie verstehen sich also aufs Töten?"

„Wie soll ich die Frage verstehen?"

„So, wie ich sie gestellt habe." Die beiden Männer starrten einander an. „Wer Jäger ist, muss doch eine Ahnung davon haben, wie man tötet", präzisierte Hartmann schließlich.

„Die habe ich sehr wohl, Herr Kommissar. Aber wenn Sie sich jetzt in Milchmädchenmanier zusammenreimen, dass ich der Täter bin, weil das für Sie der bequemste Weg ist, oder weil schlicht und einfach Ihre Fantasie nicht reicht, um –"

„Beruhigen Sie sich", fiel Hartmann ihm ins Wort. „Und ziehen Sie keine voreiligen Schlüsse. Das tun auch wir nicht, glauben Sie mir! Wir müssen nur ein möglichst genaues Bild von den Umständen der Tat gewinnen."

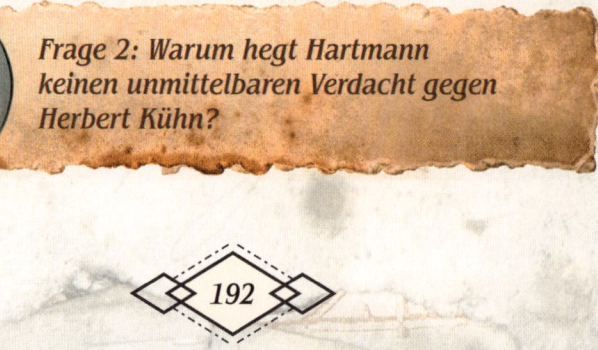

Frage 2: Warum hegt Hartmann keinen unmittelbaren Verdacht gegen Herbert Kühn?

Jäger und Gejagte

„Zunächst einmal müssen wir Sie natürlich fragen, wo Sie waren, als sich die Tat ereignete."

„Das kann ich nicht sagen, weil ich ja nicht weiß, wann sie sich ereignete", erklärte Kühn gereizt. „Ich weiß nur, dass sie tot war, als ich sie heute morgen fand."

„Und wo waren Sie davor, Herr Kühn?"

„Gestern Abend war ich zu Hause, wie immer. Dann bin ich zur Arbeit gegangen. Ich bin Nachtwächter. Das heißt, früher einmal war ich Ingenieur, aber die Zeiten sind hart …" Er hielt einen Moment inne. „Jedenfalls bin ich um kurz nach sieben gegangen. Meine Schicht beginnt abends um acht und endet um acht Uhr morgens. Als ich heimkam, fand ich sie."

„Kann jemand bezeugen, wann Sie gingen oder heimkehrten?"

„Ich wusste doch, dass Sie mir die Sache in die Schuhe schieben wollen!", brauste Kühn erneut auf.

„Keineswegs!", widersprach Hartmann ruhig. „Im Gegenteil Aus Ihren Schilderungen schließe ich, dass Sie als Täter eher nicht in Frage kommen."

Auf Kühns fragenden Blick hin setzte Hartmann zu einer Erklärung an.

Vater und Sohn – ein schwieriges Verhältnis

„Sie sind Jäger, Sie verstehen sich aufs Töten, wie Sie selbst eingeräumt haben", wiederholte er. „Doch der Grundpfeiler der Jagd ist, die Kreatur nicht leiden zu lassen. Entschuldigen Sie, dass ich deutlich werde, aber ein Jäger mordet nicht so brutal und stümperhaft. Die Tat wirkt eher wie ein Akt der Raserei."

Ich schluckte. Selbst einem unsympathischen Kerl wie Kühn gegenüber erschienen mir die Worte des Kommissars zu grausam. Immerhin hatte Kühn gerade erst seine Frau verloren. Aber offenbar konnte er mit Hartmanns Worten umgehen, denn er zuckte kaum mit der Wimper.

„Fahren wir also mit der Untersuchung fort. Wer war noch in der Wohnung, während Sie gearbeitet haben?"

„Das fragen Sie mich?" Kühn sprang auf. „Der Mörder war hier, wer sonst! Also gehen Sie endlich und finden ihn!"

„Ich meinte, wer sonst noch hier wohnt und über Nacht im Haus war."

„Mein Sohn Hagen wohnt hier", räumte Kühn unwillig ein und deutete auf das Bett in der Ecke. „Er schläft dort drüben."

„Und er hat nichts mitbekommen?"

„Nein."

„Woher wissen Sie das?"

„Weil er es mir gesagt hat, zum Kuckuck!"

„Wie alt ist Ihr Sohn?"

„Im April fünfundzwanzig geworden."

„Und was tut er?"

Erstmals schien Kühn unsicher zu werden, fasste sich aber. „Er ist noch in der Orientierungsphase", erklärte er wenig konkret.

„Orientierungsphase?" Hartmann hob die Brauen. „Das klingt interessant. Was darf ich mir darunter vorstellen?"

„Er hat es mit der Juristerei versucht, aber sie sagte ihm nicht zu. Hagen ist eine kreative Persönlichkeit, da lässt das Rechtswesen nicht genug Spielräume."

„Verstehe", behauptete der Kommissar, doch ich sah ihm an, dass das Gegenteil der Fall war. „Ihr Sohn und Ihre Frau waren also allein im Hause", fuhr er fort.

„Nein", widersprach Kühn heftig. „Hagen war ausgegangen und kam erst in den Morgenstunden heim."

„Das erzählte er Ihnen?"

„Ja, zum Donnerwetter! Und es besteht kein Grund, ihm nicht zu glauben, weil er oft in der Nacht unterwegs ist."

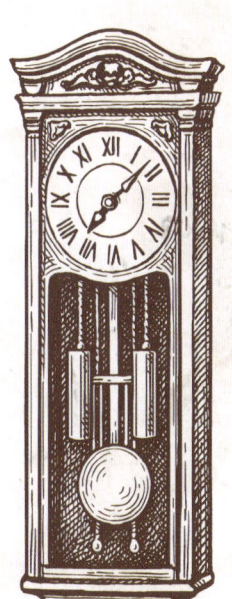

„Ihre Frau war sechsunddreißig Jahre alt, ist das richtig?"

„Ja."

„Nun, das ist merkwürdig."

„Finde ich nicht."

„Ihr Sohn ist fünfundzwanzig. Sie kann also unmöglich die leibliche Mutter sein."

„Ich bewundere Ihren Scharfsinn!", ätzte Kühn. „Gerlinde war seine Stiefmutter. Hagens leibliche Mutter starb, als er acht Jahre alt war. Das war nicht schön, weder für mich noch für ihn, aber so ist nun einmal der Lauf der Welt. Im Alter von achtunddreißig Jahren bin ich Witwer geworden, da konnte wohl weder Gott noch sonst wer verlangen, dass ich es bis an mein Lebensende bleiben würde."

„Nein, sicher nicht", stimmte Hartmann ihm zu. In diesem Moment krachte es ohrenbetäubend. Ich fuhr erschrocken zusammen, und auch der Kommissar schaute beunruhigt drein.

„Was war das?"

„Nur die Nachbarin." Kühn winkte ab. „Hat beim Wäschehängen wohl wieder einen Stuhl umgekippt."

Im selben Moment erschien Sonderberg in Begleitung eines anderen Polizisten in der Tür. Es musste Keller sein. Höflich gab er uns zu verstehen, dass er uns etwas mitzuteilen hätte, und wir traten gemeinsam vor die Wohnungstür.

„Ich habe eben mit der Nachbarin gesprochen, einer Frau Herzhagen. Sie wohnt direkt nebenan. Und sie hat gehört, dass es gestern Abend gegen sieben Uhr einen heftigen Streit gegeben hat zwischen dem Sohn Hagen Kühn und der Mutter."

„Stiefmutter", korrigierte Hartmann.

„Stiefmutter", wiederholte Keller bereitwillig. „Es fielen ganz deutlich die Worte …" Er blätterte in seinem Notizblock und las vor: „Ich halte das nicht länger aus! Dieser Schwachsinnige muss endlich in eine Anstalt!"

„Sie sagte das? Gerlinde Kühn?"

„Ja. Es gab oft Streit zwischen den beiden, erzählte die Nachbarin, und auch, dass dieser Hagen ein recht merkwürdiger Geselle sei, verschlossen und zugleich aufbrausend. Und, nun ja, verrückt, wie sie sagte. Oft musste der Vater dazwischengehen, um die beiden auseinanderzubringen.

„Hatte die Frau noch mehr zu berichten?"

„Nein. Das heißt ja. Sie sagte, dass sie kurz nach dem Streit ihre Zwillinge zu Bett gebracht und das Haus um acht Uhr verlassen habe. Sie arbeitet in dem Nachtlädchen zwei Straßen weiter."

„Das ist alles?"

„Ja, Herr Kommissar."

Wir gingen zurück in das Jagdzimmer. Herbert Kühn war aufgestanden und lief unruhig auf und ab.

„Wir hörten, es hätte hier häufig recht lautstarke Auseinandersetzungen gegeben", berichtete Hartmann.

„Wer sagt das?", fragte Kühn scharf.

„Das tut nichts zur Sache."

Um acht Uhr brachte Frau Herzhagen ihre Zwillinge zu Bett.

„Hier darf also jeder x-beliebige Knilch haltlose Behauptungen aufstellen, ja? Die nehmen Sie dann bereitwilligst für bare Münze und basteln sich eine Anklage daraus!"

„Geben Sie einfach zu, dass es Streit gab", forderte Hartmann ungerührt.

„In welcher Familie gibt es den nicht?", lenkte Kühn ein. „Das hat aber doch nichts mit Mord zu tun! Gehen Sie raus und finden Sie den Täter. Irgendwo dort draußen läuft er frei herum und wartet nur auf sein nächstes Opfer."

„Es habe sogar Morddrohungen gegeben, sagt die Nachbarschaft."

„Ah! Sicher die Herzhagen. Ich wusste doch, dass die Vettel ihr Maul nicht halten kann! Da ist ihr wohl mal wieder ihre lästerliche Fantasie durchgegangen."

„Mag sein", erwiderte ich und trat ganz nahe an ihn heran. „Aber vielleicht auch nicht, Herr Kühn."

„Nun bitte, schicken Sie doch dieses Weibsbild raus!", forderte er empört. „Schleppt uns die Polizei jetzt auch noch Frauenzimmer ins Haus! Das ist unerhört, einfach unerhört!"

„Fräulein Rosalie!" Hartmann blickte mich an und wedelte mit der Hand.

Frauenzimmer sind hier nicht gern gesehen.

Seit wann nannte er mich beim Vornamen, und wie, bitte schön, kam er zu diesem Handwedeln, als wollte er eine lästige Fliege verscheuchen?

„Bitte, schauen Sie, ob Sie sich um den armen Sohn kümmern können", sagte er zu mir. „Er muss ja ganz fertig sein, der Arme. Vielleicht kochen Sie ihm einen Tee oder was Ihrer weiblichen Fürsorge so einfällt." Ich warf ihm einen zornigen Blick zu, doch er hatte das Sagen, also mir blieb nichts übrig, als zu gehorchen.

„Ich glaube nicht, dass das eine gute Idee ist", meldete sich Kühn erneut zu Wort. „Es geht ihm sehr schlecht."

„Nun lassen Sie sie gehen!", forderte Hartmann ihn in jovialem Tonfall auf. „Sie ist nun einmal da, um sich nützlich zu machen."

Wütend stampfte ich in die Küche, wo mich ein Geruch nach kalter Asche, Schnaps und welkendem Kohl empfing. Am liebsten hätte ich sofort ein Fenster aufgerissen, doch es gab keins.

Hagen Kühn hing mehr auf seinem Stuhl, als dass er saß, und schaute kaum auf, als ich eintrat.

„Ich bin Kriminalassistentin Menzel", stellte ich mich vor, doch er reagierte nicht. „Wie geht es Ihnen?" Wieder keine Reaktion. „Können Sie mir schildern, was geschehen ist?" Ich fragte mich gerade, ob der junge

JAGDSZENEN

Kühn wohl einen Schock erlitten hatte, als er den Kopf hob und mich mit geradezu gelangweilter Miene musterte.

„Verzieh dich." Im ersten Moment glaubte ich, mich verhört zu haben, aber schnell wurde mir klar, dass dem nicht so gewesen war.

„Können Sie mir sagen, was vorgefallen ist?", wiederholte ich stur meine Frage. Er griff nach seinen Zigaretten und zündete sich eine an. „Also gut, wenn Sie mir nicht erzählen wollen, was passiert ist, dann werde ich es Ihnen sagen."

„Wenn Sie es nicht lassen können." Kühn blies geräuschvoll den Rauch durch die Nase und machte die Beine lang.

„Sie haben sich gestern Abend mit Ihrer Stiefmutter gestritten, wie schon oft", begann ich. „Der Streit war so heftig, dass Ihr Vater eingreifen musste. Die Lage schien sich zu beruhigen, doch später flammte die Auseinandersetzung wieder auf, und in rasender Wut haben Sie Ihre Stiefmutter erstochen."

„Habe ich nicht."

„Dafür gibt es Beweise, Herr Kühn. Sie werden ins Gefängnis wandern." Kühn drehte sich um und deutete auf seinen Vater, der neben Hartmann in der Tür stand.

„Er war's", behauptete er und tat noch immer desinteressiert, doch ich sah, wie sich seine Kiefermuskeln spannten.

„Sie wollen damit sagen, dass Ihr Vater Ihre Stiefmutter umgebracht hat?"

„Richtig."

Ich starrte ihn an und sagte ruhig: „Das kann nicht stimmen, Herr Kühn."

Frage 3: Warum ist die Kriminalassistentin sicher, dass Herbert Kühn nicht der Mörder gewesen sein kann?

Wenn Wände Ohren haben

„Ihr Vater kann nicht der Mörder gewesen sein, weil er zum Tatzeitpunkt nicht anwesend war", erklärte ich, während der Kommissar uns aufmerksam beobachtete. „Die Nachbarin sagte aus, gegen neunzehn Uhr Ihren fürchterlichen Streit gehört zu haben, was durchaus glaubhaft ist. Dies hier ist keine Mietskaserne, es war einmal ein Herrenhaus, vielleicht sogar das Ihrer Eltern oder Großeltern. Aber die guten Zeiten sind vorbei; die elegante Wohnung, die einst sicher über das ganze Stockwerk ging, wurde geteilt, wobei man lieblos und kostensparend vorging."

„Was soll das Gerede?", unterbrach mich Hagen Kühn und hatte wieder seine gelangweilte Miene aufgesetzt.

„Die Wände sind so hellhörig, dass man zusammenfährt, wenn hinter der Wand ein Stuhl umfällt", erläuterte ich und bemühte mich, so ruhig zu bleiben, wie ich es bei Hartmann in solchen Fällen beobachtet hatte.

JAGDSZENEN

„Was man also ganz sicher hätte hören müssen, von dem Streit einmal abgesehen, wäre ein Kampf auf Leben und Tod. Und ein solcher Kampf muss in diesen Räumlichkeiten stattgefunden haben. Ihre Mutter wurde von vorn attackiert, sie hat gekämpft, wie das Blut unter ihren Fingernägeln beweist."

„Nun kommen Sie schon zur Sache!", forderte der junge Kühn, und ich widerstand nur mit Mühe dem Drang, ihn zu ohrfeigen.

„Bezeichnend ist, dass die Nachbarin diesen Kampf gerade *nicht* gehört hat", fuhr ich fort. „Sie brachte ihre Zwillinge zu Bett und verließ um acht Uhr das Haus. Die Ermordung Ihrer Stiefmutter muss also später stattgefunden haben, zu einer Zeit, in der Ihr Vater gar nicht mehr anwesend war. Dem Zustand des Leichnams nach zu urteilen geschah dies aber wiederum nicht viel später. Vermutlich flammte der Streit erneut auf, kaum dass Herr Kühn das Haus verlassen hatte – ebenso wie die Nachbarin. Dieses Mal allerdings endete die Auseinandersetzung tödlich." Ich hielt inne und atmete tief durch. „Sie haben Ihre Stiefmutter umgebracht, Herr Kühn."

„Was erlaubt sich dieses törichte Weib?", brüllte plötzlich der alte Kühn und wollte sich auf mich stürzen, doch Keller und Sonderberg kamen ihm zuvor.

„Ich dachte mir doch gleich, dass es eine gute Idee ist, Ihrem Sohn das Fräulein Menzel vorbeizuschicken", sagte Hartmann zu Kühn, nachdem sich der Tumult gelegt hatte. Das wohlwollende kleine Lächeln, das er hinterherschickte, galt mir ganz allein.

KAPITEL 11

DER GEHENKTE

DER GEHENKTE

Schnupfenwetter

Es war ein düsterer, verregneter Dezembertag. Ich hatte mir eine üble Erkältung zugezogen und sehnte den baldigen Feierabend herbei, als die Meldung hereinkam: eine männliche Leiche in der Köpenicker Straße. Vermutlich Selbstmord durch Erhängen.

Ein neuer, ungeklärter Todesfall elektrisierte mich für gewöhnlich stets aufs Neue, heute aber war alles anders: Ich war müde, hatte Kopfschmerzen und sehnte mich nach meinem warmen Bett. Mein geringes Interesse lag wohl auch an dem Hinweis auf einen Selbstmord, denn diese Fälle waren mir zuwider. Man konnte nichts mehr tun für die armen Seelen: niemanden der Schuld an ihrem Tod überführen, niemanden dafür zur Rechenschaft ziehen. Eine ganz und gar trostlose, deprimierende Angelegenheit.

An der angegebenen Adresse angekommen, lenkte ich unseren Wagen durch einen breiten Torbogen, der den Durchgang von der vorderen Häuserzeile zu den Gebäuden dahinter bildete. Im Innenhof befand sich eine kleine Werkstatt für Automobile und Motorroller, gegenüber lag ein Fahrstall. Davor stand eine Kutsche mit zwei Braunen, von einem Dachvorsprung mehr schlecht als recht geschützt. Als wir ausstiegen, begann eins der Pferde ungeduldig mit seinem Vorderhuf aufs Pflaster zu schlagen, als wollte es uns zu verstehen geben, dass ihm die Situation nicht länger behagte. Das arme Tier hatte mein vollstes Verständnis. Ein heftiger Wind trieb den Regen in Böen vor sich her, sodass sich Hartmanns Schirm als nutzlos erwies. Nach kaum drei Schritten troff mir der Regen von der Hutkrempe geradewegs in den Mantelkragen. Wir umrundeten eine Schubkarre und eilten in gebückter Haltung auf die Stallung zu, in der sich laut unseren Informationen die Tat ereignet hatte. Braunes Wasser rann in breiten Rinnsalen über das Pflaster, das vor Schlamm und Morast kaum auszumachen war. Schnell schlüpften wir durch die doppelflügelige Tür und waren im ersten Moment erleichtert, dem eiskalten Regen nicht mehr schutzlos ausgeliefert zu sein. Doch Hartmanns Miene verfinsterte sich sofort wieder, was zweifellos darauf zurückzuführen war, dass der Tote nicht mehr an Ort und Stelle hing.

DER GEHENKTE

Von einem Balken hoch oben baumelte nur ein durchschnittenes Seil herab. Eingriffe Unbefugter stellten für den Kommissar stets ein großes Ärgernis dar, dem gewöhnlich ein Donnerwetter folgte. Mir persönlich fiel es leichter, Verständnis aufzubringen: Welcher Mensch mit auch nur einem Funken Mitgefühl würde nicht versuchen, das Opfer so schnell wie möglich aus seiner misslichen Situation zu befreien, um ihm, wenn schon nicht das Leben, so zumindest einen Rest Würde zu bewahren?

In unserem Fall handelte es sich bei Besagtem um einen älteren Mann in Kutscherlivree. Er hockte auf einem Strohballen in der Ecke, den Kopf in die Hände gestützt, und sah nur langsam auf, als würde ihn dies bereits Anstrengung kosten. Den Toten hatte er auf den Boden gebettet und in eine Pferdedecke gehüllt.

„Sind Sie der Doktor?", fragte er Hartmann mit rauer Stimme.

„Nein, Polizei", erwiderte der Kommissar knapp. Der Mann ließ den Kopf wieder sinken. Für uns schien er kein Interesse aufzubringen.

Wir traten zu dem Toten, und Hartmann schlug die Decke zurück. Vor uns lag ein wohlbeleibter Mann von Anfang sechzig, gepflegter Haarschnitt, sorgsam gestutzter Schnauzer. Er trug einen eleganten grauen Anzug, dazu schwarze, auf Hochglanz polierte Budapester. Ohne Zweifel ein Mensch, der Wert auf sein Erscheinungsbild gelegt hatte. Die Strangulationsmerkmale am Hals des Mannes waren unverkennbar; sein Tod konnte erst vor ein bis zwei Stunden eingetreten sein. Von weiteren Untersuchungen hielt mich ein Niesanfall ab und zwang mich, mich abzuwenden.

Der Fahrstall ist ein recht düsterer Ort.

„Gesundheit", wünschte Hartmann, ohne seine Arbeit zu unterbrechen. Ich wollte mich bedanken, was eine weitere Niesattacke jedoch verhinderte. „Reißen Sie sich zusammen, Fräulein Kriminalassistentin!", mahnte der Kommissar. „Hier können Sie wieder was lernen." Er wandte sich an den Kutscher. „Ist das Ottokar Senftleben?", fragte er, denn dieser Name war uns im Präsidium mitgeteilt worden. Der Mann nickte nur. „Und Sie? Wer sind Sie?"

„Bert Schulze", antwortete der andere mit träger Stimme.

„Kannten Sie Senftleben näher?"

„Wir waren Nachbarn seit bald zwanzig Jahren. Gute Nachbarn."

„Was ist vorgefallen?", fragte ich und wappnete mich innerlich gegen den Widerstand, der mir gewöhnlich entgegenschlug, wenn ich Fragen stellte. Doch der Kutscher schien keine Vorurteile gegen wissensdurstige Frauen zu hegen.

DER GEHENKTE

„Bin von der letzten Fahrt heimgekommen und hab ihn da gefunden", antwortete er und deutete mit dem Kinn zu dem Strick hinüber.

„Das hier ist Ihr Fahrstall?", erkundigte ich mich, was der Kutscher bestätigte. „Ich müsste auch langsam mal die beiden Braunen reinholen, die verkühlen sich sonst", setzte er hinzu.

„Die Pferde werden sich noch etwas gedulden müssen", meinte Hartmann, ohne sich umzudrehen.

„Und wer zahlt den Tierarzt, wenn er kommen muss?", brummte der Alte, blieb aber sitzen. „Apropos Arzt: Wo bleibt der eigentlich?"

„Er kann ohnehin nichts mehr ausrichten", entgegnete der Kommissar, der offensichtlich mal wieder einen seiner weniger charmanten Tage hatte. Doch Schulze schien ihm nicht mehr zuzuhören.

„Vor Schreck ist mir fast das Herz stehengeblieben", erzählte er und schaute mich dabei an. „Ich dacht', vielleicht wär noch was zu machen, aber ich bin ja nicht rangekommen an ihn."

„Wie meinen Sie das?" Ich trat näher an Schulze heran.

Der Kutscher Schulze

„Ottokar hing so, dass ich grad mal an seine Füße rankam", antwortete er. „Ich hab noch um Hilfe gerufen, aber bei dem Sauwetter hat mich offenbar keiner gehört. Also bin ich rüber und hab die Bockleiter aus'm Haus geholt", erklärte Schulze und blickte auf seine Hände hinunter. „Gebracht hat's nix mehr", stellte er resigniert fest.

„Haben Sie eine Ahnung, warum er das getan haben könnte?"

Der Kutscher schüttelte den Kopf. „Ottokar war vielleicht 'n bisschen schwermütig in letzter Zeit, nicht so gesprächig wie sonst. Aber das bin ich auch nicht, wenn ich nicht muss. Sobald ick die Touristen abjesetzt hab, bin ick so redselig wie'n Karpfen." Er verfiel ins Berlinerische.

„Hatte Senftleben Geldsorgen?", fragte ich weiter. Wieder schüttelte Schulze den Kopf.

„Ottokar hatte'n gutes Auskommen als Postbeamter. Hab in der letzten Woche noch'n Telegramm bei ihm aufgegeben, weil mein Sohn doch Vater geworden ist und er sich meinen Bruder als Patenonkel –" Ein gellender Schrei unterbrach Schulzes Rede.

Kommissar Hartmann duldet keinen Widerspruch.

„Das ist bestimmt Ada", meinte er. „War kurz hier und hat gesehen, wie ich ihn runtergeschnitten hab. Da ist sie gleich wieder weg. Ich hab ihr noch hinterher gebrüllt, sie soll'n Doktor rufen. Wo bleibt der nur, verdammt?"

„Wer ist Ada?"

„Nu, seine Frau. Na ja, eigentlich –" Wieder unterbrach ihn ein Schrei, der in ein anhaltendes, auf- und abschwellendes Geheul überging, das sich mühelos gegen das Prasseln des Regens behaupten konnte. Ich schaute zu Hartmann hinüber. Er zog eine Grimasse, als litte er körperliche Schmerzen.

„Kümmern Sie sich, Fräulein Menzel!", wies er mich an.

„Aber Sie werden meine Unterstützung brauchen!"

„Sie gehen jetzt und zeigen Anteilnahme!"

„Dafür bin ich nicht ausgebildet", widersprach ich ärgerlich.

„Seit wann braucht ihr Frauen eine Ausbildung in Sachen Gefühligkeit?", echauffierte sich der Kommissar.

Fräulein Menzel zeigt Anteilnahme.

„Gefühligkeit? Ich verstehe nicht, was Sie damit sagen wollen, Herr Kommissar. Wenn Sie meinen –" Weiter kam ich nicht, denn die Wehklagende hatte neue Kräfte gesammelt.

„Stellen Sie das gefälligst ab!" Hartmanns Ton signalisierte unmissverständlich, dass er sich auf keine weiteren Diskussionen einlassen würde.

„Also gut", ergab ich mich widerwillig in mein Schicksal. „Sicher finden Sie unterdessen heraus, wie diese Merkwürdigkeit zu erklären ist."

„Merkwürdigkeit?" Schulze war hellhörig geworden und sah misstrauisch auf. „Was meinen Sie damit?"

„Ich spreche vom konkreten Ablauf des Selbstmords", antwortete ich ihm. Weitere Ausführungen wurden von einem Niesanfall erstickt.

> Frage 1:
> Welche Merkwürdigkeit meint Rosalie Menzel?

DER GEHENKTE

Ein Abschiedsbrief

Ich kämpfte mich durch den Regen zum Nachbarhaus, dessen Eingang auf der anderen Seite des Torbogens, zur Köpenicker Straße hin, lag. Noch immer fragte ich mich, wie dieser Senftleben es eigentlich angestellt hatte, sich aufzuknüpfen. Ich hatte weder einen Stuhl, einen Schemel oder eine Kiste entdeckt, die er hätte nehmen können. Auch Heu- oder Strohballen waren nicht zum Einsatz gekommen. Das Fehlen dieser Hilfsmittel erschien besonders merkwürdig im Hinblick darauf, dass er laut dem Kutscher so hoch gehangen hatte, dass der ihn nur an den Füßen fassen konnte. Sollte Schulze also die Wahrheit gesagt und die Bockleiter erst später geholt haben, bedurfte dieser Umstand einer dringenden Erklärung. Zuerst einmal aber hatte ich mich diesem Frauenzimmer zu widmen.

Ich fand die Haustür weit geöffnet vor, weshalb ich nur einzutreten und mich von der klagenden Stimme leiten zu lassen brauchte. Sie führte mich die Treppe hinauf und in ein kleines, elegantes Damenzimmer: cremefarbene Wände, über die nebelgraue Kraniche hinwegzogen, farblich passende Seidenvorhänge, ein Schminktischchen mit samtbezogenem Stuhl, eine zierliche Chaiselongue, wie geschaffen für Lesestündchen oder einen geruhsamen Mittagsschlaf. Ein überraschendes Bild bot auch die Dame selbst: Groß und von kräftiger Statur, mit schickem Bubikopf, entsprach sie ganz dem Typ moderne, junge Frau. Sie konnte die dreißig kaum überschritten haben, war also sehr viel jünger als ihr Mann. Meine Anwesenheit schien sie zu spüren, denn sie drehte sich zu mir um und verstummte für einen Moment.

„Wer sind Sie?", fragte sie dann und starrte mich mit weit aufgerissenen Augen an. Ich stellte mich vor, und die mündliche Auskunft schien ihr zu genügen, denn sie warf nicht einmal einen Blick auf mein Ausweisdokument. Stattdessen hob sie zu neuem Wehklagen an.

DER GEHENKTE

„Wie konnte mein geliebter Ottokar mir das antun? Ich kann und kann es nicht glauben!", klagte sie mit einiger Theatralik. Dann wirbelte sie herum, griff nach etwas, das auf ihrem Schminktischchen gelegen hatte, und streckte es mir mit forscher Geste hin.

„Hier, lesen Sie!"

Ich zögerte.

„Bitte!"

Berlin, 16. Dezember 1922

Meine über alles geliebte kleine Ada,

wenn Du diese Zeilen liest bin ich nicht mehr da. Ich weiß dass es ein Schock sein wird und es tut mir Leid, dass du ihn ausbaden musst, aber die Schwermut lastet auf meinen Schultern wie Blei. Ich kanns nicht länger tragen. Auch wenn ich dir die Hochzeit vorenthalten habe sollst du wunderbare Frau meinen gesammten Besitz erben als da wäre dieses schöne Haus, wo wir so glücklich waren, und auch das in Köpenick von meiner verstorbene Gattin, Gott hab sie seelig. Und auch die Sparprämienanleihen fallen an dich, meine Angebetete. Ich gehe in Frieden und mein Herz ist voll Liebe für dich für die Ewigkeit.

Dein Ottokar

Der Abschiedsbrief wirft Fragen auf.

„Ein Abschiedsbrief", stellte ich fest, weil ich irgendetwas sagen musste, und reichte ihn ihr zurück. Wieder schluchzte sie auf, und ich fürchtete schon eine neuerliche hysterische Aufwallung. Ihren Schmerz musste sie vorhin zum Fenster hinausgeschrien haben, denn es war noch immer geöffnet. Da es empfindlich zog und dazu hereinregnete, ging ich hin und schloss es ungefragt.

„Sie waren nicht verheiratet?", fragte ich wie nebenbei.

„Leider nicht." Ada tupfte sich eine Träne aus dem Augenwinkel. „Wir hatten's vor, aber dann is Ottokars Frau Mutter jestorben und ach ... es wurde immer schlimmer mit seine Verdrießlichkeit. Hat wie'n Trauerkloß rumjesessen und ihm war nich zu helfen. Ick sach noch zu ihm, er soll bei'n Doktor jehn, aber det warn allet Quacksalber für ihn."

„Wie lange waren Sie ein Paar?", erkundigte ich mich weiter.

„So an die zwei Jahre wohl", antwortete Ada. „Icke ... also ick war mal Haushälterin bei ihn, hab alles jeregelt, wat für'n Mann schwer is. Det war, nachdem seine Frau jestorben war. Det hab ick also jemacht und allmählich wurd' et immer mehr und war dann Liebe. Echte Liebe." Die beiden letzten Worte betonte sie mit Nachdruck.

„Wie traurig." Ich legte eine Hand auf ihren Unterarm. „Entschuldigen Sie, aber ich muss die Frage stellen: Wann und wie haben Sie Ihren Mann aufgefunden?"

Sie schluckte und krallte sich an ihrem Taschentuch fest. „Ick kam vom Eenkoofen", erzählte sie mit belegter Stimme. „Bin dann hier rauf ins Zimmer und hör, wie der Kutscher heemkommt. Und dann hab ick noch irjendwat jehört. Det war mir komisch. Bin raus und in den Stall rüber, und da hat Schulze ihn jrad … da stand er oof der Leiter und hat ihn abjeschnitten. Mein Jott ….″ Sie warf sich auf die Chaiselonge und verbarg ihr Gesicht in einem Kissen.

Emil Fugge will seine Schwester Ada trösten.

„Wann war das?″, hakte ich nach.

„Ick weeß et nich″, schluchzte sie undeutlich, hob dann aber den Kopf. „Doch, et war halb sechs, weil ich doch noch jehört hab, wie die Turmuhr jeschlagen –″

„Ada!″ Ein sehr großer, breitschultriger Mann stand plötzlich im Türrahmen. Dunkles Haar, forscher Gesichtsausdruck, stechender Blick.

„Emil!″ Ada sprang auf und fiel ihm in die Arme. „Det is mein Bruder Emil, Emil Fugge″, erklärte sie mir, während er sie zu der Chaiselonge zurückführte.

„Setz dich, Schwesterherz! Gleich kommt der Arzt. Er wird dir etwas zur Beruhigung geben.″

„Sie sind Geschwister?″, fragte ich Ada.

„Was dagegen?″ Fugge musterte mich prüfend.

„Nein, nein. Es ist nur … Sie sehen sich nicht sonderlich ähnlich″, redete ich mich heraus. „Wo kommen Sie beide her?″

„Was soll die Fragerei?″, fuhr der Hüne mich an.

DER GEHENKTE

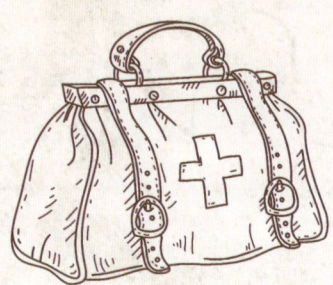

„Nichts weiter, es interessiert mich einfach."

„Haben Sie nichts Besseres zu tun, als uns hier so neugierig auszuhorchen?" Ich wollte etwas erwidern, doch Ada kam mir zuvor.

„Pankow", murmelte sie und schniefte in ihr Taschentuch.

„Na, gibt's denn so was!", rief ich aus. „Genau wie ich!" Das war gelogen, verfehlte seine Wirkung aber offensichtlich nicht, denn sie wirkte gleich ein wenig entspannter.

Hinter dem großen Fugge tauchte ein weiterer Mann auf, der gegen ihn wie ein Zwerg wirkte, und schob sich an ihm vorbei.

„Doktor Macke", stellte er sich vor und setzte seine lederne Tasche auf dem Boden ab. „Wenn Sie mich mit der Dame allein lassen würden."

Nach meinem Dafürhalten war meiner Pflicht genüge getan, und ich beschloss, zu Hartmann zurückzukehren. Erst aber einmal suchte ich das Bad auf, denn meine eiskalten Füße hatten meine Blase gereizt. Außerdem würde sich so die Möglichkeit ergeben, unauffällig eventuell vorhandene Arzneien in Augenschein zu nehmen. Was ich entdecken konnte, war allerdings nicht sonderlich aufregend: Aspirintabletten, ein Mittel gegen Sodbrennen, ein Schlaf- sowie ein Abführmittel. Alles war fast aufgebraucht, nur das Gläschen mit dem Aspirin war noch gut gefüllt. Ich stellte die Dinge an ihren Platz zurück und betrachtete mein verschnupftes Gesicht im Spiegel. Etwas stimmt nicht mit diesen Geschwistern, dachte ich. Ganz und gar nicht.

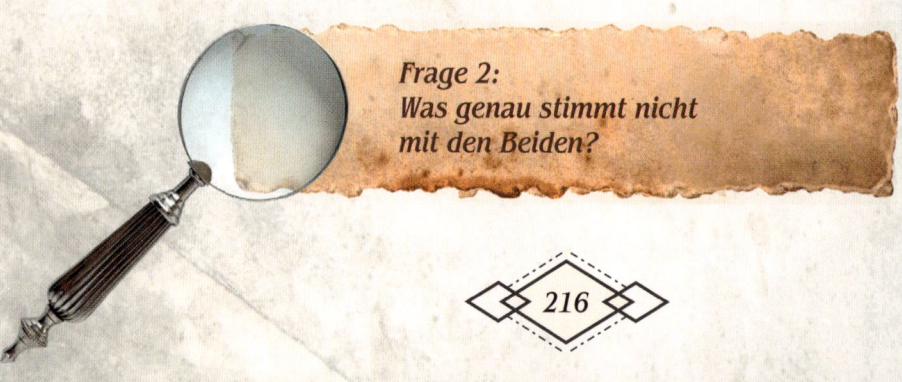

Frage 2:
Was genau stimmt nicht mit den Beiden?

DER GEHENKTE

Ein Postgeheimnis

„Haben Sie sie eingeschläfert?", fragte der Kommissar, nachdem ich in den Stall zurückgekehrt war.

„Nein", widersprach ich. „Der Doktor hat ihr ein Beruhigungsmittel gegeben."

„Gott sei Dank!" Hartmann atmete auf. Hysterische Frauenzimmer waren ihm ein Greuel. Ich berichtete ihm von dem Brief und rekapitulierte noch einmal, was wir bisher in Erfahrung gebracht hatten: Dieser Ottokar Senftleben war Postbeamter gewesen. Als solcher hatte er folglich fiel Schriftverkehr zu leisten. Der Kutscher hatte erwähnt, selbst vor Kurzem eine telegrafische Depesche bei ihm aufgegeben zu haben. Gerade Telegramme erforderten allerdings eine korrekte Ausdrucksweise sowie eine fehlerfreie Rechtschreibung.

„Sie glauben, der Brief ist gefälscht?", fasste Hartmann meine Ausführungen zusammen.

„Oder er ist ein schlechter Postbeamter", antwortete ich achselzuckend. „Aber diese penible Aufzählung der Erbmasse gibt schon zu denken. Außerdem bezweifle ich, dass Ada und dieser Fugge wirklich Geschwister sind. Beide sind angeblich in Pankow aufgewachsen. Sie berlinert stark, er gar nicht. Das passt doch nicht zusammen. Er hatte ja auch bereits einen Arzt gerufen, musste also schon vorher da gewesen sein." Hartmann hörte mir aufmerksam zu. Dann wollte er mir etwas zeigen, doch in diesem Moment führte Schulze die Pferde herein, was der Kommissar ihm offenbar gestattet hatte. Hinterdrein kam dieser Emil Fugge, Adas angeblicher Bruder.

„Was tun Sie hier?", fragte in harschem Ton.

„Sagen Sie uns lieber, was Sie hier zu tun haben", konterte Hartmann.

Ein Nachbarschaftsstreit?

„Ich komme, um mich um den Verstorbenen kümmern", entgegnete Fugge gereizt.

„Da kommen Sie zu spät", entgegnete Hartmann kurz angebunden. „Das tun wir bereits."

„Ich verstehe nicht, warum die Polente hier ist", ließ Fugge nicht locker. „Ottokar hat Selbstmord begangen. Er war schwermütig."

„Wer weiß", erwiderte der Kommissar nebulös. „Es könnte sich auch anders zugetragen haben." Auf seine typische Art und Weise wiegte er den Kopf hin und her.

„Sie glauben mir nicht?" Der Hüne baute sich vor ihm auf, hielt jedoch plötzlich inne, als sei ihm etwas zu Bewusstsein gekommen. „Sie spielen auf Mord an, nicht wahr? Wenn dem so ist, dann fragen Sie mal den da!" Er wies mit ausgestrecktem Arm auf den Kutscher. „Als Ada hier reinkam, hat er sich an Ottokar zu schaffen gemacht."

DER GEHENKTE

„Was soll ich getan haben?" Schulze ließ die Pferde stehen und trat aufgebracht näher.

„Ottokar hatte Streit mit ihm, das kann meine Schwester bezeugen!", führte Fugge aus. „Schulze hält den Hof nicht sauber, Sie sehen's ja selbst. Überall Pisse und Pferdekacke, das stinkt zum Himmel!"

„Du bist wohl nicht bei Troste, Junge." Der alte Kutscher hob die Faust.

„Nicht doch!", mischte Hartmann sich ein. „Stimmt es, was er sagt?", wandte er sich an den Kutscher. Schulze antwortete nicht sofort.

„Eine kleine Nachbarschaftsstreitigkeit, wie sie immer mal vorkommt", brummte er schließlich. „Aber deswegen bringt man doch keinen um!"

„Das kann jeder behaupten", giftete Fugge ihn an.

„Ich kam von meiner letzten Fahrt und hab' ihn da hängen sehen!", beteuerte der Kutscher mit kehliger Stimme und sah dabei mich an. „Hab ihn 'ne Stunde vorher noch auf der Straße getroffen, wie er von der Arbeit kam."

„Sie haben ihn noch gesehen?", fragte ich verwundert.

„Wie ich es sagte." Er nickte eifrig.

„Senftleben ging zu Fuß nach Hause?

„Ja, wie immer. Ist ja nicht weit bis zum Postamt. Manchmal nehm ich ihn ein Stück mit, aber heute hatte ich noch Kundschaft. Nie und nimmer hätt' ich gedacht, dass er erst auf die Post geht und sich danach was antut!"

„Irgendwas muss man ja vorher tun", widersprach Fugge, schien den Satz jedoch selbst sofort zu bereuen.

„Meine Herren! Vielleicht können Sie mir behilflich sein", ließ Hartmann sich vernehmen. „Ich frage mich nämlich, wie Senftleben es angestellt hat, sich da oben aufzuhängen, ohne irgendeine Art von Trittleiter benutzt zu haben."

Überrascht starrten die Männer den Kommissar an. Für einen Moment war nur das Schnauben der Pferde und das Pladdern des Regens zu hören. Fugge war derjenige, der als Erster seine Sprache wiederfand.

„Wenn Schulze ihn nicht aufgeknüpft hat, dann ist er wohl oben auf den Heuboden gestiegen und runtergesprungen", mutmaßte er.

„Mit … mit einer Schlinge um den Hals?", stotterte der Kutscher.

„Wenn ein Schwermütiger erst einmal einen solchen Entschluss gefasst hat, ist ihm jedes Mittel recht", behauptete Fugge voller Überzeugung. „Ob er sich nun einen Hocker wegtritt oder von wo runterspringt, das macht auch keinen großen Unterschied mehr." Er sah von einem zum andern, hob dabei die Augenbrauen und verzog den Mund, als wollte er sagen ‚klingt hart, aber so ist nun mal der Mensch'.

„Das sind interessante Überlegungen", stimmte Hartmann ihm zu.

„Trotzdem ist es Humbug", schaltete ich mich ein. „Senftleben kann sich nicht selbst umgebracht haben."

Frage 3:
Was spricht gegen Senftlebens Selbstmord?

DER GEHENKTE

Am Gelde hängt, zum Gelde drängt doch alles

Die Männer drehten verwundert die Köpfe, nur Hartmann nickte mit feinem Lächeln.

„Wie meinen Sie das?", zischte Fugge mich an.

„Was auch immer geschehen sein mag: Senftleben kann nicht in den Stall geflogen sein", behauptete ich. „Es regnet Katzen und Hunde dort draußen, schon den ganzen Tag. Schauen Sie sich unsere Schuhe an." Ich deutete nach unten. „Es ist unmöglich, vom Haus über den Hof in den Stall zu gelangen, ohne sich schmutzige Schuhe zu holen. Darauf haben Sie indirekt selbst hingewiesen, Herr Fugge. Senftlebens Budapester aber sind blitzsauber, poliert und trocken."

„Und ein Mann mit polierten Schuhen bringt sich natürlich nicht um", spottete Fugge mit blasierter Miene.

„Ottokar Senftleben wurde in den Stall transportiert", fuhr ich unbeirrt fort. „Vielleicht sogar mit der Schubkarre, die im Hof steht. Und er wurde vermutlich mit irgendetwas zugedeckt, damit ihn niemand sehen konnte, denn Körper und Kleidung waren trocken."

„Hört, hört!" Fugge klatschte in die Hände. „Solch ein Unsinn kommt dabei heraus, wenn man Frauen die Polizeiarbeit tun lässt! Dass ich nicht lache!" Er blickte Hartmann an und schüttelte verächtlich den Kopf.

„Ihnen wird das Lachen noch vergehen", erwiderte der Kommissar ruhig.

Emil Fugge schaffte Senftleben fort.

„Denn wir werden beweisen, dass Sie und Ada Ottokar Senftleben betäubt, über den Hinterausgang hinausgeschafft, in den Stall gekarrt und aufgeknüpft haben."

Und so kam es auch.

„Wie gut, dass ich Sie gleich zu dieser Ada herüber geschickt habe", befand Hartmann eine Woche später, nachdem ich meine Grippe mehr schlecht als recht auskuriert hatte. „Ohne weibliches Einfühlungsvermögen hätten wir diesen Brief womöglich nicht zu lesen bekommen. Eine plumpe Fälschung, wie sich herausstellte."

Ich glaubte nicht, dass weibliches Einfühlungsvermögen vonnöten gewesen war, um den Brief zu Gesicht zu bekommen. Wäre ich nicht zu ihr gegangen, wäre Ada ohne Zweifel mit dem Brief zu uns in den Stall herübergekommen, damit wir ihn nur ja zu lesen bekamen, bewies er doch

DER GEHENKTE

vermeintlich aufs Schönste, dass Senftleben Hand an sich gelegt und Ada alles vererbt hatte. Doch ich ließ die Sache auf sich beruhen und lächelte nur. Ich konnte mit mir zufrieden sein, denn auch sonst hatte ich mit meinen Vermutungen richtig gelegen: Emil Fugge war nicht Adas Bruder, sondern ihr Geliebter. Der Postbeamte Senftleben hatte vor einiger Zeit Wind von der Affäre bekommen und war in Schwermut verfallen. Dann aber hatte er sich aufgerafft und seine untreue Gefährtin des Hauses verwiesen. Gnädigerweise hatte er ihr eine Woche Aufschub gewährt, damit sie sich eine neue Bleibe suchen konnte, und seine Großmut erwies sich als sein Todesurteil. Da Ada nicht auf Senftlebens Vermögen hatte verzichten wollen, sahen sich die Turteltauben zu schnellem Handeln gezwungen. Ein Schlafmittel im Nachmittagstee leitete die Tat ein, deren weiterer Hergang bekannt war.

„Sehen Sie, Fräulein Menzel". Hartmann gab Zucker in seinen Nachmittagskaffee, den die Sekretärin ihm gebracht hatte. „Es zahlt sich aus, wenn man sich ein bisschen am Riemen reißt. So bekamen Sie wieder einmal Gelegenheit, eine Menge von mir lernen."

Ich wollte etwas erwidern, doch ein neuer Niesanfall hinderte mich daran.

Bildnachweis

Cover: shutterstock/Ironika (Frau), SergeyKlopotov (Pistole), candastock (Tor), sumkinn (Störer), Daniela Iga (Muster), Lana Nikova (Rahmen), laraslk (Tor Rücken).

Innenteil: akg-images: (9 l., 17), akg-images: TT News Agency / SVT (39) / Shutterstock: Everett Collection (9 r., 15, 25-27, 36, 42, 46, 48, 52, 58, 62, 66f., 75f. 83, 85f., 93 r., 95.101 f., 105f., 109, 112, 116, 118, 120, 123, 131, 134, 137, 140, 143, 146, 151, 153, 158, 167f., 170, 173, 177f. 182f.,197f., 210f., 214f., 218), LiliGraphie (8ff., 177 o.l.), VladisChern (9 Zeitungsjunge), NesaCera (10), marina_eno1 (11), chempina (12), Lia Koltyrina (13), FooTToo (22), Denis Lyapin (23), Elena Pimonova (17 Filmklappe), Volodymyr Nikitenko (13), Volodymyr Tytskyi (16), Separisa (18), alex74 (21), zef art (28), Daria.Carlitos (32), Pocholo Calapre (33), IR Stone (34), ArtMari (34 ff.), xavier gallego morell (35), AlenKadr (38), Canicula (40), Kichigin (42), Marzufello (49, 223), Stacey Newman (55), Kate Macate (55), Pani Garmyder (55), Artyem Dzyuba (56), Elena Fedyuk (57), Maria Kuza (59), Katunina (60), n_defender (61) ,Anneka (64), Alex Stemmer (68), Alexlukin (69), mazur serhiy (71), shadiego (75), Alexander_P (77, 147), Vadim Ovchinnikov (79), Nadya Dobrynina (80), mimomy (81), Rihards Lonskis (82), Stokkete (84), Alex Uksta (86), Maglara (89), Dm_Cherry (92), Sergey Kelin (93 l.),Pavel K (94, 100, 102ff.), Yuliya Derbisheva VLG (95), Irina Rogova (97), Nopchin design (98), TZIDO SUN (103), Studio77 FX vector (107), LarysArty (108), Realstock (113), F-Stop boy (119), ArmOkay (119), Elnur (122, 189), Natalia Hubbert (125), Oleg Golovnev (126), Buravtsoff (127), Naniti (131), Christian Mueller (132), True life photography (133), Arman Novic (135 li. 144 l.), Magnus Binnerstam (135 re.), Anzhelika Belyaeva (136), Redshinestudio (139), VBVVCTND (144 r.), lynea (150 l.), MoreVector (150 r., 163), Stone36 (151), alexblacksea (152), DeZet (154), Stock-Asso (157), CREATISTA (160), Natttle (161), Luvin Yash (162), AVAtem (163), Novikov Alex (167), Rob Wilson (167), Zastolskiy Victor (169), AKaiser (166, 170 u., 171), Savvapanf Photo (173), Maisei Raman (175), Susan Law Cain (177 u.l.), MitrushovaClipArt (179),Andriy Kananovych (183 Münzen), Ipek Morel (183 Scheine), KaroKatitca (176), Oliver Denker (187), Razoomanet (190), Elena Ahmad (191), Serjunco (193), Nejron Photo (194), NataLima (195), ChameleonsEye (200), Artur Balytskyi (201), Dave Rheaume Artist (204), Lorri Kajenna (205), Maria Okolnichnikova (206), Sinelev (207), MaKars (208), Stephm2506 (209 l.) Antonov Roman (209r.), Tasha Drik (216), Only_NewPhoto (220), crystaaalina (221), Nomad_Soul (222 l.), Andres Siimon (222 r).

wikipedia/ Paul E. Waldraff (177 u.r.)